Wilhelm Heinen

Urfragen nach dem „Wie“ christlichen Lebens

Wilhelm Heinen

Urfragen nach dem „Wie“ christlichen Lebens

Echter Verlag

Imprimatur: Würzburg, den 30. 5., Wittig, Generalvikar
Umschlag: W. Thierfelder
Gesamtherstellung: Fränkische Gesellschaftsdruckerei GmbH Würzburg
ISBN 3 429 00371 7

Inhalt

Vorwort

Die in diesem Buch gedruckten Beiträge wären ohne die Hilfe zahlreicher Menschen aller Altersstufen und Berufsgruppen so nicht geschrieben worden. Die Fragen dieser Menschen, die sie entweder sprachlich formulierten oder durch symbolhaltiges Verhalten äußerten, zielten in der Regel auf die Urbedingungen für das Gelingen menschlichen und christlichen Lebens: Raum und Zeit, Entwicklung und Entfaltung des Menschen als Person in Begegnung und Beziehung. Gefragt wurde und wird beharrlich nach dem Sollen, Wollen, Können und Versagen des Menschen in den verschiedenen Altersstadien (Kindheit bis zum Greisenalter). Gefordert wurden Hilfen und Helfer für die *Reifungsprozesse* mit den zahlreichen Wandlungen, die im Sterben ihren Höhepunkt und ihren irdischen Abschluß erreichen.

Neben oder mit den Fragen nach dem Was, Warum und Wozu des Gesollten steht im Mittelpunkt menschlichen Fragens heute das Forschen nach dem *Wie* des Agierens und Reagierens in dem personal-sozialen Miteinander, Füreinander und Gegeneinander. Wie in der Technik das Knowhow (gewußt wie) im Vordergrund des Interesses steht, so will ähnlich der Mensch als Christ wissen, sehen und hören, wie das Leben mit seinen vielfältigen Anforderungen ausgehalten und bestanden werden, wie es gelingen kann. Da die ersten Jahre des Lebens (Kindheit und Jugendzeit) in der Ursprungsfamilie nach fast allgemeiner Überzeugung der Psychologen und Anthropologen zu den entscheidenden Jahren zählen, wird verständlich, daß diesen Stadien im Leben des Christwerdens die besondere Aufmerksamkeit in diesen Aussagen gehört. Mit den Berichten sind Deutungen, Urteile, Folgerungen und Forderungen eng verbunden, die sich aus den *Urfragen nach dem Wie* christlichen Lebens ergeben.

Ehe und Familie, Vertrauen, Lieben, Glauben und Reifen werden in den verschiedenen Variationen und Themen bevorzugt genannt und gewertet. Das wird all jenen Lesern recht sein, die bereits einige Zeit nach Antworten auf das an Widersprüchen und an Widerständen reiche menschliche Verhalten gesucht haben. Das Verstehen und Annehmen des Unbewußten im Menschen ist die in allen Kapiteln dieses Buches wirksame Absicht des Verfassers. Sie ergab sich aus den direkten Anfragen und aus den vielfach indirekt geäußerten Urfragen der um Beratung und Wegweisung nachsuchenden Jugendlichen, Studierenden, Frauen und Männern.

Die Mehrzahl der Beiträge wurde im letzten Jahrzehnt in Tagungsberichten oder Festschriften, zum Teil außerhalb Deutschlands, erstmalig veröffentlicht. Wie dieses Buch von fragenden Menschen angeregt und inspiriert worden ist, so möge es Fragenden und Suchenden dienen und helfen.

W. Heinen

Gegenwart und Gegenwärtigung

Wie den Menschen und der Welt begegnen?

Die Welt, wie sie gegenwärtig ist, sich entwickelt und wirkt, scheint eine völlig veränderte zu sein im Vergleich zu ihren früheren Erscheinungs- und Wirkformen. Vor allem die Bereiche, in denen der Mensch lebt, baut und arbeitet, lassen Veränderungen erkennen, die auch auf den Menschen der verschiedenen Altersstufen und Berufsgruppen ihre Auswirkungen haben. Angesichts dieser Änderungen oder Wandlungen im Fluß des Werdens, Geschehens und Handelns ist die Frage berechtigt: Gibt es einen stabilen Grund, gibt es Grundelemente in dieser von den technischen Apparaturen, Arbeits- und Lebensformen vordergründig bestimmten Welt?

Gibt es noch das pflanzliche Wachsen nach dem alten bekannten Rhythmus? Finden sich in dieser technischen Welt noch Fortpflanzung der Tiere durch Zeugung und Entwicklung, das Weitergeben des spezifisch menschlichen Lebens in Zeugung, Entwicklung und Entfaltung? Gibt es noch den rhythmischen Wechsel von Tag und Nacht, von Frühling, Sommer, Herbst und Winter? Nimmt der Mensch auch heute noch seinen Ursprung in Ehe und Familie, oder hat sich ein anderer Ursprung ergeben? Ist das Kind auch heute noch auf die Begegnung mit einer Mutter, auf die Beziehung zu einem Vater, zu Bruder und Schwester angelegt und für seine Entwicklung angewiesen, oder gelten heute andere Relationen? Kann der jugendliche Mensch auf die genannten personalen Beziehungen verzichten, wenn ihm Tiere und technisches Spielzeug in allen Größen und Variationen zur Verfügung stehen?[1]

Gelten in der Bautechnik noch die Grundgesetze der Statik, in der Wirtschaft das alte Grundgesetz von Angebot und Nachfrage? So ließe sich in jedem Bereich dieser neuen technisierten Welt nach dem Gültigen, Bleibenden, nach dem nicht Überholbaren forschen. Das Ergebnis wäre überraschend: wie manches bei aller vordergründigen Dynamik in dem deutlich erkennbaren Umbruch und Aufbruch seine Stabilität, seine Dauer und Gültigkeit und darum auch seine Wirkmächtigkeit behält. Selbst der so schnell wechselnde Geschmack der Menschen – eine Voraussetzung für die Mode – hat sein stabiles Grundelement im Menschen, sonst wären Marketing, Produktions- und Absatzplanung für die Märkte unmöglich.[2]

[1] *René A. Spitz*, Nein und Ja. Die Ursprünge der menschlichen Kommunikation, Stuttgart 1957; *Horst Eberhard Richter*, Eltern, Kind und Neurose, Stuttgart 1963. Jugend zwischen gestern und morgen (in psychotherapeutischer Sicht).

[2] *K. G. Behrens*, Absatzpolitik, Stuttgart 1961 / Wiesbaden 1963; *E. Schäfer*, Die

Von diesen stabilen Bauelementen und Grundrelationen in dieser von Gott geschaffenen Welt ist auszugehen, wenn auf die Frage: Wie kann der Mensch in der technisierten Welt sein Leben menschlich-christlich bestehen? Antworten gefunden werden sollen.
Da das Fragen, Forschen und Entdecken[3] dem Menschen so wesenseigen sind wie Atmen, Tasten, Sehen, Hören, wie Bewegung, Ausdruck, Spiel, darum soll vorwiegend durch Fragen das Gesuchte in das Blickfeld und in das Bewußtsein gehoben werden:

I. Wie kann Gegenwart verstanden werden?
II. Wie kann dem Menschen Gegenwärtigung gelingen?

Mit beiden Fragen wird nach dem Menschen in dieser Welt geforscht, die beide in christlichem Sinn als Schöpfung oder als Geschöpfe Gottes – in Entwicklung und Entfaltung begriffen – verstanden werden. Die menschenfreie Welt und der außerweltliche Mensch bleiben hier außer Betracht.

I. Wie kann Gegenwart verstanden werden?

1. Von Gegenwart kann als Zeitraum zwischen Vergangenem und Zukünftigem gesprochen werden. Jedoch ist das Gewesene, das einmal Geschehene nicht vollends Vergangenheit. Das kürzlich Gewesene oder Geschehene ragt oder wirkt noch in die Gegenwart hinein, und zwar durch die Menschen, die diese jüngste Vergangenheit erlebt, gestaltet, bestanden oder auch nur zum Teil bestanden oder bewältigt haben. Die Geschichte als vergangenes menschliches Handeln oder Unterlassen wirkt in ihrer Kontinuität in die nun gelebte Gegenwart, in die hier und jetzt sich andeutende Zukunft, in das sich Ankündende, Vorbereitende, Kommende hinein. In diesem Sinn sind diese Welt und besonders der Mensch Vergangenes, Gegenwärtiges und Kommendes in einer Symbiose oder Synthese, Zeichen, Symptome und Symbole von Vordergründigem, Hindergründigem und Untergründigem. Gegenwart ist dann das Sein, Werden und Handeln in geschichtlicher Kontinuität, wie sie in dieser Weise, in dieser Welt nur der Mensch ist, erlebt und hat, während das Tier in seinem bewußtseinsfernen Leben einen durch Instinkte relativ gesicherten Daseinsverlauf erlebt, ganz Gegenwart ist, ohne Vergangenheit und ohne Zukunft, ein Wesen ohne Rückschau, ohne Ausblick, das ganz im Hier und Jetzt aufgeht, ruht,

Grundlagen der Marktforschung, Marktuntersuchung, Marktbeobachtung, Köln und Opladen [3]1953.
[3] *W. Heinen,* Anthropologische Vorfragen in den christlichen Sozialwissenschaften, in: Jahrbuch IV des Instituts für christliche Sozialwissenschaften d. Univ. Münster/W., 1963.

eingebunden und darum relativ sicherer oder gesicherter ist als der Mensch. Damit soll nicht geleugnet werden, daß eine große Zahl von Tierarten ihre Form des Wiedererkennens, der »Anamnesis« hat.[4]

2. Gegenwart kann verstanden werden als das Zusammen von Daten, Fakten, Entwicklungen, Verläufen

Es ist zu denken an die Daten in der organischen Pflanzenwelt mit ihrem Wachsen, Blühen, Fruchtbringen und Vergehen, an die Gegebenheiten der vier Grundelemente: Erde, Wasser, Feuer, Luft, an die drei Zustände: fest, flüssig, gasförmig. Zu erinnern ist an die Prozesse und Entwicklungen in der anorganischen, organischen und animalischen Natur. Diese Entwicklungen können langfristig und engräumig, kurzfristig und weiträumig gesehen und erfaßt werden. Fakten und Verläufe in Natur und menschlicher Gesellschaft gelangen in dieser Gegenwart zu einem relativen Abschluß, heben neu an, sind in vollem Gange oder wechseln in neue Formen hinein. Das Ineinander und Miteinander alles Seins (Integration), das Zueinander und Gegeneinander (Polarität), das Füreinander und das An-Stelle-Von (Subsidiarität) ermöglichen jenen unvergleichlichen Zusammenhang des Geschehens, des Werdens und Handelns von der Vergangenheit über die Gegenwart in die Zukunft.[5]

3. Gegenwart kann oder muß verstanden werden als der Mensch in seinen vielseitigen Relationen zu Personen und Dingen, in seinen Erwartungen, Forderungen und Möglichkeiten (Potenzen)

Der Mensch als Mann und Frau, als Kind, Jugendlicher, Erwachsener und Greis, als arbeitender und feiernder, als relativ gesunder und kranker, als beharrlich strebender und als gelassener ist in dem Hier und Heute ebenso gegenwärtig wie unter jenen anderen Namen, die allen Menschen dieser gegenwärtigen Welt bekannt und mehr oder weniger vertraut sind: Mutter, Vater, Schwester, Bruder, Frau und Mann als Ehepartner, Tochter und Sohn. Zu jeder Gegenwart gehören die Gestalten der Sippe, des Clans oder der Großfamilie, die trotz allen Gestaltwandels, in allen sozialen Ausweitungs- oder Schrumpfungsprozessen stets und überall anwesend, gegenwärtig und wirksam bleiben, die heute an Nähe, Präsenz verloren haben und darum – meist unbewußt – entbehrt und indirekt gesucht

[4] *A. Portmann,* Zoologie und das neue Bild des Menschen, Hamburg 1956; *G. Siegmund,* Tier und Mensch (Beitr. z. Wesensbestimmung d. Menschen), Frankfurt/M. 1958; *A. Vetter,* Natur und Person, Stuttgart 1948; *A. Vetter,* Wirklichkeit des Menschlichen, München und Freiburg 1960.
[5] *A. Augustinus,* Confessiones, L. XI c. XIV f.

werden.[6] Zu dieser Gegenwart, als Äon oder Epoche verstanden, gehören die Grundbedingungen der menschlichen Existenz, seines Daseins und seines Handelns: sein leibliches Wachsen und Sichentwickeln, sein seelisches Sichentfalten und Sinnsuchen von seiner Geburt bis zu seiner großen Wandlung im Transitus seines Sterbens im Tode.[7] Zu diesen Menschen gehören das Erforschen und Entdecken der Wirklichkeiten und der Wahrheit, das Planen, Disponieren und Konstruieren, seine Erwartungen und Enttäuschungen, seine Forderungen und Nachforderungen.
Zu dem Menschen der Gegenwart gehören wie ehemals das Glauben und Zweifeln, das Bangen zwischen Vertrauen, Furcht und Angst, das Hoffen in die Zukunft mit Erwarten, Verlangen und Vertrauen. In der Gegenwart gibt es den Menschen, der liebt: heimlich und offenkundig, bewußt und unbewußt, direkt und indirekt, großartig und dilettantisch, trotzig und willfährig, tätig-stützend und leidend-vorbildlich, wild sich aufbäumend und demütig sich beugend.[8] Alle Nuancen und Grade menschlichen Ausdrucks, herrischen Forderns, bedenkenlosen Nehmens und gütigen Gewährens finden sich in den permanenten Begegnungen und Beziehungen der Menschen in der Gegenwart. Um die wechselnde Fülle solcher Gegenwart zu gewärtigen oder wahrzunehmen, bedarf der Mensch der hohen Kunst der Gegenwärtigung, des Innewerdens und Annehmens. Es ist nun zu erfragen, ob er dazu fähig ist. Dabei ist zu sehen, daß solches Fragen und Antworten bereits Gegenwärtigung ist und in solchem Suchen und Finden geübt wird.

II. Was ist mit Gegenwärtigung gemeint?

Wenn jeder Mensch in dieser Welt in einzigartiger Weise gegenwärtig ist, Gegenwart hat und zugleich auch wird, so ist damit bereits angedeutet, daß es verschiedene Formen und Wege der Gegenwärtigung gibt, die ohne Ausnahme zu seinem lebenslangen Werde- und Reifungsprozeß gehören.

[6] *H. Schelsky*, Wandlungen der deutschen Familie in der Gegenwart, Dortmund 1953; *W. Dreier*, Das Familienprinzip als Strukturelement der modernen Wirtschaftsgesellschaft, Münster/W. 1960; *J. Höffner*, Ehe und Familie (Wesen und Wandel in der industriellen Gesellschaft), Münster/W. ²1965; Jahrbuch V des Instituts für christl. Sozialwissenschaften, Der Mensch zwischen Beruf und Familie, Münster/W. 1964.
[7] *Johanna Herzog-Dürck*, Menschsein als Wagnis (Neurose und Heilung im Sinne einer personalen Psychotherapie), Stuttgart 1960; *P. Wust*, Ungewißheit und Wagnis, Münster/W. ⁵1964; *L. Binswanger*, Grundformen und Erkenntnis menschlichen Daseins, Zürich 1953.
[8] *W. Heinen*, Liebe als sittliche Grundkraft und ihre Fehlformen, Freiburg ³1968.

1. *Gegenwärtigung als Innewerden, Erfahren, Erkennen*

Philipp Dessauer schreibt in seinem Buch »Die naturale Meditation«, München 1961, in dem Abschnitt »Gegenwärtigung« (S. 42 f.): »Der heutige Mensch ist geübt, in erstaunlicher Weise geübt, sich zu konzentrieren. Er ist aber außerordentlich ungeschickt in der Fähigkeit, sich zu sammeln. Wie kann man da Abhilfe schaffen? Wir nennen die Aufgabe Gegenwärtigung. Sie ist der Gegensatz zur Geistes-Gegenwart.« S. 43: »Im Daseinsbewußtsein, das die Grundform der Gegenwärtigung ist, gegenwärtigt sich der Mensch. In dieser Gegenwärtigung trifft der eigene Innenraum mit seiner ganzen hohen Aufmerksamkeit mit der durch den Menschen gestalteten Umwelt zusammen.

Innenweltfühligkeit und Außenweltfühligkeit gehören zusammen. Vom einen kann man zum anderen gehen, ohne zerstreut zu werden, ohne sein Innerstes zu verlieren. Das ist der Grund, warum der gesammelte Mensch verweilen kann. Er ist anwesend.« Richtig sieht Dessauer, daß in der Gegenwärtigung eine Konfrontation des Menschen mit seiner Umwelt und Mitwelt geschieht. Wenn er das »Daseinsbewußtsein« in Gegensatz zur Geistes-Gegenwart bringt, so wäre anzumerken, daß in der Geistes-Gegenwart das Bewußtsein und das Gefühl des eigenen Daseins immanent und wirksam sind. Zutreffend ist, daß jede Art von Gegenwärtigung mit dem Innewerden beginnt. Jedes Innewerden beginnt mit der Tätigkeit der fünf Sinne, besonders mit dem Tasten, Sehen und Hören. Das Kleinkind nimmt über diese drei Hauptsinne den ersten Kontakt mit der Umwelt auf. Durch diesen Kontakt gewinnt das Kind nicht nur über das Gefühl Kenntnis von der Mutter und später von den Dingen seiner nächsten Umgebung; es gewahrt auch sich selbst, seinen Leib, sein Ich, allerdings noch kaum abgehoben von der Umwelt.[9] Es lebt noch ganz in der Symbiose mit der Mutter; es ist noch ganz identifiziert mit ihr und der näheren Umwelt. Infolge dieser Identifizierung ist die Gegenwärtigung des Kleinkindes Ich-Gegenwärtigung. Die nächste Stufe um das dritte zum vierten Lebensjahr ist die Du-Gegenwärtigung, die mit dem Ich-Sagen das erste Sichabheben, Sichabsetzen, Sichdistanzieren zeitigt. An die Stelle der Identifizierung tritt eine andere Projektion, die in dem Prozeß der Erfahrung, des Erkennens und vor allem des Wiedererkennens, der Erinnerung, die entscheidende Rolle spielt. Ohne diese Projektion gibt es weder das Innewerden, Erfahren, Erkennen noch Wiedererkennen und Gegenwärtigung.[10] Mit der

[9] *René A. Spitz*, Die Entstehung der ersten Objektbeziehungen, ²1959; *W. Heinen*, Um die Seele des Kindes, Hamm ⁶1972.

[10] *E. Grünewald*, Die personale Projektion (eine Einführung in die Analyse projektiver seelischer Vorgänge), München 1962; *M. Tramer*, Lehrbuch der allgemeinen Kinderpsychiatrie³, Basel o. J.

Anamnesis Platons ist diese Projektion der im Menschen disponierten Urbilder – C. G. Jung nennt sie Archetypen – gemeint. Als letzte Stufe in der psychischen Entfaltung des Kindes wäre die Sach- oder Ding-Gegenwärtigung zu nennen. Sie könnte auch Es-Gegenwärtigung heißen.
Alle drei genannten Arten der Gegenwärtigung – Ich-, Du-, Es-Gegenwärtigung – sind im Kindesalter eindeutig von seinem Gefühl, d. h. von der emotional-kardialen Mitte, getragen. Bewußtsein und Wollen kooperieren vom dritten Lebensjahr und können, je nach der Art der erzieherischen Beeinflussung, im Verlaufe der Pubertät überwiegen, d. h. dominierend werden. Für jede Gegenwärtigung sind unentbehrlich das Bild, das Wort und das Symbol. Dominiert das Bewußtsein oder das Wollen in einem Menschen, so wird das Wort in dem Prozeß seiner Gegenwärtigung den Vorrang vor Bild und Symbol haben. Ist in einem anderen Menschen die emotional-kardiale Mitte wegweisend und entscheidend, so haben Bild und Symbol den Vorrang; das Wort hat dann interpretierende und bestätigende Funktion. Diese Unterscheidung dürfte für die Gegenwärtigung in dem Erziehungs- und Bildungsprozeß wegweisend sein. Innewerden, Erfahren, Erkennen über Tasten, Sehen und Hören sind ohne Zweifel unentbehrliche Elemente menschlicher Gegenwärtigung; sie enthalten jedoch noch nicht das Entscheidende.

2. *Gegenwärtigung als personales Annehmen, Sichentscheiden, Antworten*

Daß Gegenwärtigung eine spezifisch menschliche Art des Agierens und Reagierens ist, wurde verständlich. Welchen Anteil hat die dreifache Gegenwärtigung an der Entfaltung des Menschen als Person, zu der Bewußtsein ihrer selbst, Gewissen mit Wertnehmen, Sichentscheiden und Verantwortung gehören?
Das Kind gegenwärtigt das Ich, das Du, die Sachwelt in seiner Art zwar im Hinblicken auf seine Beziehungsgestalten (Mutter, Vater, Geschwister), aber noch nicht eigenständig, noch nicht Wert- und Sinngehalte voll verstehend und darum in seiner Verantwortung begrenzt. Es ist noch ichbefangen, vom Du und Wir abhängig, von den Dingen schnell angezogen und fasziniert. In anderer Weise gegenwärtigt der von seinen Eltern abgelöste, eigenständig, selbständig gewordene Erwachsene. Seine Ich- und Du-Gegenwärtigung geschehen in Rücksicht auf die Mitmenschen und auf die Sachwelt. Seine Begegnungen mit der Außenwelt erfolgen stets in Relation zu seiner persönlichen Innenwelt. Seine Beziehungen zu der Welt der Personen und der Dinge sind sowohl distanzierter als auch näher, d. h. persongemäßer als bei Kindern.
Der Erwachsene vermag in der Gegenwärtigung Menschen und Sachgüter anzunehmen, ohne sie festhalten zu wollen; er vermag sie zu lassen, ohne sie zu verlassen. Er kann geben, schenken, ohne das Geschenkte zurück-

holen oder etwas Gleichwertiges einholen zu wollen. Der um den Wert der Dinge, um den Reifungsprozeß des Menschen Wissende kennt den adäquaten Platz der Dinge, ihre Valenz, ihr Schwergewicht und ihre Bindekraft. Er weiß, daß alles in dieser Welt seine Stunde hat, in der es sich erschließt, d. h. sich gegenwärtigen läßt.

Personale Gegenwärtigung meint die Fähigkeit und Bereitschaft nicht nur zu Unterscheidung, vielmehr auch zu dem Sichentscheiden. Solches Sichentscheiden betrifft Personen und Dingwerte, wird gefordert im Lebenskreis der Familie, im Bereich des Berufes und des öffentlichen Lebens.

Personale Gegenwärtigung ermöglicht und fordert das verbindliche Antworten auf den Anruf der Mitmenschen und der Sachgüter. Die Anforderungen und Erwartungen der Brüder und Schwestern, der Söhne und Töchter, die den Dingen immanente Werbekraft verlangen eine persongemäße gültige Antwort, die in der Gegenwärtigung wächst und geboren wird.

3. Gegenwärtigung als christliche actio und passio

Das persongemäße Sein, Werden und Handeln gehören zu der Gegenwärtigung des christlichen Menschen, doch ist das Letzte und Eigentliche damit noch nicht gesagt. Der Christ lebt als Getaufter aus seinem Sein in Christus, aus der Sohnschaft (Hyothesia) zu seinem himmlischen Vater in und durch den Geist der Liebe. Dieser eine trinitarische Gott hat, weil er unsichtbar und verborgen ist, hier in dieser Welt, in diesem Äon seine personalen Stellvertreter (die acht Grundgestalten) und seine institutionellen Medien, die sich aus der personal-sozial strukturierten Welt entwickelt haben (Familie, Schule, Kirche und Staat). Erschaffung und Erlösung implizieren sowohl actio als auch passio. In beiden sind diese Elemente am Werk. In der Erschaffung dominiert die actio, in der Erlösung die passio. Darum finden sich in den Glaubensmysterien jeweils die actio und die passio, das Handeln und das Erleiden. In der Gegenwärtigung des christlichen Menschen sind die actio und die passio als elementare Vorgänge wirksam, sei es nun bewußt oder unbewußt. Das Ziel der Gegenwärtigung im Leben des Christen ist die bewußte und gewollte Synthese beider.

III. Was wird in der Gegenwärtigung anwesend?

Gegenwärtigung als menschliches Geschehen, als personales Innewerden und Antworten kann sich verschiedenen Bereichen zuwenden und dabei vor je neuen Aufgaben stehen. Bei dem Kleinkind hebt die Ich-Gegenwärtigung mit dem Erleben des Du der Mutter an und wird langsam zu der

Du- und Ding-Gegenwärtigung. Bei Erwachsenen steht am Anfang die Gegenwärtigung des Ich-Selbst mit der Bereitschaft, andere Daten und Fakten zu gewärtigen.

1. *Das sinnenhaft Wahrnehmbare – das Anwesende*

Wer die heutige sogenannte technisierte Welt realisieren, d. h. annehmen, in ihr leben will, muß tasten, sehen und hören können, und zwar umfassender, intensiver als frühere Generationen, die quantitativ weniger, darum intensiver sahen und hörten, d. h. besinnlicher, beschaulicher gegenwärtigen konnten. Zudem muß er schneller und permanenter wahr- und wirklichnehmen. Schließen sich schnell registrierendes Sehen und Hören und schauendes, horchendes Gegegenwärtigen nicht aus?
Die Frage nach der Aufmerksamkeit stellt sich hier. Wäre die Gegenwärtigung in der technisierten Welt nur eine Frage der Aufmerksamkeit, des momentanen Tastens, Sehens und Hörens, dann wäre sie lediglich ein Problem der Anlage, des Typus. Da es aber das Vorausschauen, die Vorüberlegung und die nachüberlegende, reproduzierende Verarbeitung des momentan Erlebten gibt, so ist Gegenwärtigung in diesen drei Stufen möglich und erforderlich.[11] Das momentan sinnenhaft Aufgenommene wird in der Nachüberlegung auf seinen Sinn- und Bedeutungsgehalt ermittelt, angenommen und eingeordnet. Damit wird Erfahrung für kommende ähnliche Situationen gesammelt, die eine vorausschauende Gegenwärtigung von Begegnungssituationen ermöglicht. Das allen Situationen Gemeinsame kann und muß in der Vorüberlegung, das Einmalige, Besondere jeder Situation kann nur in der Nachüberlegung gegenwärtigt und ausgewertet werden. Ein zeitlich länger Anwesendes kann direkt und unmittelbar in die Gegenwärtigung aufgenommen werden.

2. *Gegenwärtigung von Unbewußtem, Vergangenem*

Das aktuell, in direktem Eindruck Anwesende kann leicht registriert, jedoch, sofern es flüchtig ist, nur schwer gegenwärtigt, verarbeitet, zu eigen gemacht werden. Schnell gesammelte Eindrücke sinken ab in das Unbewußte des Menschen und können, reproduziert, wieder in das Bewußtsein gehoben werden. Weil es nicht nur die bewußte Gegenwärtigung gibt, vielmehr das Unbewußte im Dienst der einordnenden und verarbeitenden Gegenwärtigung tätig ist, ja ihm sogar die wichtigere Arbeit zufällt, so kann von ihm hier nicht geschwiegen werden.[12] Daß längst vergangene, weit zurückliegende Eindrücke, Erlebnisse und Erfahrungen immer wieder

[11] *Ph. Dessauer,* Die naturale Meditation, München 1961, S. 66–83.
[12] *C. G. Jung,* Über die Psychologie des Unbewußten, Zürich 1948.

»einfallen«, d. h. in die bewußte Anschauung aufsteigen können, verdanken wir dem Unbewußten, das Eindrücke sammelt, ordnet, auf ihren tieferen Gehalt prüft, um sie uns in seiner Bild- und Symbol-Verkleidung wieder vorzulegen – zur unerläßlichen Gegenwärtigung unseres Reifungsstatus, unserer persönlichen Einstellung zu den Grundgestalten, zu Gott, zu unserem Beruf, zu uns selbst. Die Unerläßlichkeit einer positiven, wohlwollenden Einstellung zum Unbewußten wird daraus verständlich.

3. Gegenwärtigung des Außersinnlichen und Übernatürlichen

Fernsprechen, Fernhören und Fernsehen werden heute als physikalische Entdeckungen selbstverständlich genommen. Daß es zwischen Menschen ähnliche, noch ungeklärte Übertragungen gibt, wird nur von wenigen Menschen geglaubt. Das scheinbar unmotivierte Denken an einen Menschen, dessen Brief zwei oder drei Tage später in unseren Händen ist, deutet Möglichkeiten der Kommunikation zwischen Menschen an, die im Dienste der Gegenwärtigung stehen, auch wenn sie physikalisch oder psychologisch noch nicht annähernd geklärt, d. h. einsichtig sind.[13] Näher steht uns die Realität des Übernatürlichen, die Existenz Gottes, der sich uns geoffenbart hat im Verlaufe der Geschichte durch die Botschaft der Propheten, in der Menschwerdung seines Sohnes, durch die Botschaft vom wachsenden und sich aufbauenden Gottesreich, in seiner Kirche. Die Gegenwärtigung dieser Realitäten geschieht im christlichen Glauben, Hoffen und Lieben, die als Elementarfähigkeiten in allen Menschen angelegt sind und auf die Entfaltung warten. Diese Art von Gegenwärtigung steht bei zahlreichen Menschen seit geraumer Zeit in der Krise, d. h. in neuer Bereitschaft.

IV. Hauptformen der Gegenwärtigung

Sie sind mit dem Wesen und der Bestimmung des Menschen gegeben und haben in der bisherigen Geschichte bei den verschiedenen Völkern unterschiedliche Pflege gefunden. Es sind: Bild, Wort, Symbol und, entwicklungspsychologisch gesehen, die Formen des Märchens, des Mythos und des Mysteriums. Kurze Andeutungen mögen genügen.

[13] *J. B. Rhine,* Die Reichweite des menschlichen Geistes (Parapsychologische Experimente), 1952.

1. *Erinnerung* – memoria – ist wie der Traum bildhaft[14]

Die Phantasie wirkt rückschauend und kann vorausschauen, planend vorwegnehmen lassen. Das Ahnen ist ein einfühlendes Vorausschauen aufgrund von Daten und Fakten. Vermutung oder Mutmaßen sind mehr Vorausdenken und Vorausstreben.

Die Erinnerung, als rückwärts gerichtete Reproduktion erlebter Bilder, ist für die Gegenwärtigung des Menschen in einer technisierten Welt unentbehrlich, weil die Mehrzahl der in schneller Folge erlebten Eindrücke der nachträglichen Ortung, Wertung und persongemäßen Einordnung bedarf, wenn der Mensch nicht durch kaleidoskopartiges Sehen verarmen oder desorientiert werden soll. Die traditio oder Überlieferung steht im Dienst der Erinnerung und umgekehrt.

Der Traum mit seiner Bildsprache wirkt erinnernd, rückweisend und damit zusammenhangstiftend von damals zu dem Hier und Heute. Ebenso wirkt er warnend, mahnend, wegweisend in die Zukunft und sorgt damit für die Kontinuität von Heute zum Morgen und dereinst. Er leistet seinen Beitrag zu der persongemäßen Gegenwärtigung in einzigartiger Bedeutsamkeit und Beharrlichkeit, lichtscheu und arm an begrifflicher Aussage. Aufdringlich wird er nur in schweren Krisen des menschlichen Werde- und Reifungsprozesses. Sein Beitrag zu einem humanen Bestehen in der technischen Welt wird allerdings nur in jenen Menschen wirksam werden, die ihr Unbewußtes als real annehmen und seinen Bildern trauen.

2. *Ausdruck – Spiel – Sprache*

Eindruckserleben und Ausdrucksverleihen gehören zu jedem Menschen wie Einatmen und Ausatmen, wie Anspannung und Entspannung. In Eindruck und Ausdruck geschieht Gegenwärtigung, und zwar in allen Bereichen menschlichen Lebens. Wenn das Kind die Lebensäußerung eines Tieres oder das Brummen eines Motors nachahmt, gibt es seinem Erleben Ausdruck. Damit kann es das Unheimliche, Befremdende oder Gefahrdrohende neutralisieren; es kann eine menschliche Einstellung zu dem Tier und zu dem Motorfahrzeug gewinnen, die über das Sichidentifizieren zu einer gültigen Ermittlung des Symbolgehaltes führt. Der Traum leistet dazu seinen Beitrag wie das Spiel, das bei allen Kindern aus dem Unbewußten gespeist und mitgestaltet wird. Weil das Spiel mehr ist als Imitation oder Dressat, weil es Ausdruck und Darstellung eigenen Innenlebens ist, wird es in dem Prozeß der Gegenwärtigung bei Kindern wie bei Erwachsenen

[14] *A. Vetter,* Die Erlebnisbedeutung der Phantasie, Stuttgart 1950; *W. v. Siebenthal,* Die Wissenschaft vom Traum (eine Einführung in die allgemeinen Grundlagen), 1953; *P. Bjerre,* Das Träumen als Heilungsweg der Seele, 1936.

unentbehrlich sein. Wie bedeutend der Anteil des Spieles in Liturgie und religiösem Kult ist, daß die wirksame Repräsentatio = Gegenwärtigung oder Stellvertretung ohne das Element des Spieles nicht gelingt, wird auch in der Pastoral heute deutlicher gesehen. Musik und Sprache dienen in dem Maße der Gegenwärtigung, wie sie das Bilderleben fördern und klären, wie sie das Symbolintuieren vorbereiten.

3. Gegenwärtigung durch Intuieren der Symbole

Über Meditation als unentbehrlicher Weg zu der Entfaltung und Wandlung des Menschen gibt es seit einiger Zeit eine umfangreiche Literatur.[15] Das schon genannte Buch von Philipp Dessauer enthält einzigartige Hinweise und Hilfen gerade unter dem Titel »Gegenwärtigung«. Das Wort »Symbol« findet sich in seinen Aussagen selten. Wege zum Intuieren der Symbole zeigt er mehrere auf, so daß der Leser seinen Weg finden kann. Wenn Symbole Unsichtbares, Verborgenes, Hintergrundgeschehen und Übernatürliches in Zeichen und Verläufen kundgeben, dann bedarf jeder Mensch dieser Zeichen, um sein Leben in dieser Welt allmählich verstehen und bestehen zu können, besonders in einer vom intellektuellen Begreifen und vom zielgerichteten Wollen erstellten und manipulierten Welt der sogenannten »sekundären Systeme«[16]. Lebenskrisen, Reifungsrückstände im Menschen der Gegenwart äußern sich in Verkleidungen, in symbolhaltigen Formen der Relationsstörungen, der Vergehen und Verbrechen, der Erkrankungen und der Unfälle bzw. der als Unfall getarnten Suicide.[17] Die Eltern, die ihr schwieriges Kind, ihren aufsässigen Sohn meditieren, gegenwärtigen nicht nur damit den Reifungsstatus ihrer Ehe, sondern auch die Werde-Not des Kindes oder des Jugendlichen. Der Lehrer oder Meister, die den auffälligen Schüler oder Lehrling aufgrund ihrer Signalisierung gegenwärtigen, werden auf intuitivem Wege Zugang zu den Ursprüngen ihres Fehlverhaltens gewinnen. Der Arzt, der seinen Patienten, der Anwalt, der seinen Mandanten meditiert – sie alle können innewerden, warum sie angegangen werden, wer von den ausgefallenen acht Grundgestalten in ihnen gesucht wird. Der widersprechende, provokatorisch sich verhaltende, Widerstand leistende Mitmensch ist stets auf der Suche nach jemand, auch wenn er »Gerechtigkeit« fordert oder »sein Recht« sucht. Bis in den Unfall und in den Suicid hinein ist die Symbolsprache festzu-

[15] Eranos-Jahrbuch 1933, 1934, 1935; *H. U. Rieker,* Das Geheimnis der Meditation, 1953; *J. B. Lotz,* Meditation. Der Weg nach innen, Frankfurt/M. 1954.
[16] *Hans Freyer,* Theorie des gegenwärtigen Zeitalters, Stuttgart 1958.
[17] *W. Heinen,* Das indirekte Fragen nach den personalen Grundgestalten in menschlichem Agieren und Reagieren, in: ders. Begründung christlicher Moral (hgg. v. W. Dreier), Würzburg 1969.

stellen. Dasselbe gilt für den indäquaten Gebrauch der technischen Apparaturen (Maschinen im Produktionsprozeß, Baumaschinen, Transportfahrzeuge, Radio). Alle diese Apparate haben ihren Nutzwert und ihren Spielwert. Das Störende ergibt sich aus ihrer Unvollständigkeit, das Zerstörende aus der destruktiven Tendenz des ungereiften Menschen, der mit den Mitmenschen, mit Gott und darum auch mit sich selbst nicht ausgesöhnt ist. Wo immer der Mensch den von ihm gebauten Apparaturen mißtrauisch, ahnungslos oder fasziniert gegenübersteht, gerät er in ihren Sog, in die Zentrifuge, d. h. in die Mittelpunktsflucht, während er von seinem Wesen her zentripetal, zum Mittelpunkt strebend, angelegt ist.
Hätte der Mensch nicht die emotional-kardiale Mitte, wie A. Vetter sie in dem Strukturbild von der menschlichen Person deutlich genug aufgezeigt hat[18], so wäre er den Elementen der Natur und der von ihm entwickelten Technik schicksalhaft ausgeliefert. Da aber jeder Mensch dieses kardiale Steuerungszentrum mit Rückbindung (religio) und Verantwortung (Gewissen) zur Disposition und Entfaltung erhalten hat, hat er die Möglichkeit, in relativer, zunehmender Freiheit zu schalten und zu walten. »Die Symbolik der menschlichen Gestalt« wurde vor ca. 100 Jahren von C. G. Carus geschrieben. Die Symbolik menschlichen Agierens und Reagierens wäre in unserem Zeitalter der technischen Erfindungen neu zu entdecken und verständlich aufzuzeigen.

V. Fehlformen der Gegenwärtigung im technischen Zeitalter

Wie aus dem bisher Gesagten erkennbar wurde, ist dem Menschen die Gegenwärtigung nicht zur Annahme oder Ablehnung freigestellt. Die Wahl hat er lediglich in den Formen und Wegen. Darum kann er sich ungeeigneter Wege, sogenannter Fehlformen, bedienen mit dem Ergebnis, daß er sich und seine Reifung verfehlt, daß er den Mitmenschen und Gott das Geschuldete schuldig bleibt und dadurch schuldig wird.[19]
Drei Fehlformen sollen hier kurz angedeutet werden:
1. Die trotzig aggressive Negation der technischen Welt,
2. das Sichidentifizieren mit den technischen Apparaturen,
3. die Isolation als mißtrauisches Sichabschirmen.

[18] *A. Vetter,* Wirklichkeit des Menschlichen, S. 125 f.
[19] *P. Tournier,* Echtes und falsches Schuldgefühl (eine Deutung in psychologischer und religiöser Sicht), 1959; *W. Heinen,* Schuldigkeit, Schuld, Sünde in moralanthropologischer und moraltheologischer Sicht, in: ders. Begründung christlicher Moral.

1. *Die trotzig-aggressive Negation der technischen Welt*

Sie sieht in der Technik das Dämonische am Werk, blickt nur auf die verheerenden, zerstörenden Wirkungen der technischen Erfindungen und ihrer Verwendung. Ressentiment und Selbstunsicherheit werden auf die Technik projiziert. Der Blick ist für das Heilende, Helfende und Gestaltende verstellt oder ganz verhangen. Die »junge« Technik mit ihren nachweisbaren »Kinderkrankheiten« fällt dann dem Generationenproblem zum Opfer. Da die Technik zu einer ungesunden Extraversion, zu einem zentrifugalen Selbstverlust oder wenigstens zu einer Selbst- und Du-Entfremdung verführen kann, so ist der »introvertierte« Mensch von seiner Eigenart her schon gegen die extravertierende Technik eingenommen.[20] Diese Negation kann sich jedoch in eine Bejahung wandeln, wenn die Gegenwärtigung mit menschlicher Hilfe zu einer Aussöhnung führt.

2. *Das Sichidentifizieren mit den Apparaturen*

Die Identifikation oder besser das Sichidentifizieren ist jene Form der Projektion, die in der Kindheit ihre Berechtigung hat, weil das Kind noch nicht zu Eigenständigkeit und verantwortungsfähigem Selbstand gelangt ist. Mutter, Vater und ältere Geschwister, auch andere Personen, die stellvertretend ihre Aufgabe erfüllen können, werden zu Trägern dieser projektiven Identifikation gewählt. Im Verlaufe einer normalen Reifung gelingt die Ablösung, die Verselbständigung, jedoch selten ohne den bekannten Widerstand, der bei richtigem Verhalten der Erwachsenen in die Wandlung führt. Die Hauptaufgabe in dem Prozeß der Verselbständigung fällt dem Vater und den älteren Geschwistern zu. Fehlen die personalen Helfer, oder sind sie zu schwach, so müssen andere an ihre Stelle treten (das Problem des Stellvertretens). Im Zuge solcher Stellvertretung muß bei manchen Jugendlichen die eigene Maschine, die technische Ausrüstung herhalten, die oftmals faszinierende Wirkung hat. Technik ist Symbol der Kraft, der Macht, der Geschwindigkeit, der Geltung, des Ansehens, der Position in der Gesellschaft. Hat der Jugendliche Mannhaftigkeit und Weltbewältigung an seinem Vater nicht oder nur schwach erlebt, so setzt die faszinative Identifikation mit der technischen Apparatur ein, die in dem Maße abklingt, wie das Mann- oder Frau-Werden durch personale Beziehungen gefördert wird und allmählich gelingt. Selbst Imitation und Mode treten in ihrer faszinierenden Wirkmacht hinter gültige persönliche Kontakte zurück.

[20] *C. G. Jung*, Psychologische Typen, 8. Tsd. 1940.

3. Die Isolation als Sichabschirmen vor der Wirklichkeit

Sie ist im Ursprung und Habitus ein echtes Widerstandsphänomen, das durch menschliche Hilfe zur Gegenwärtigung, d. h. in die Wandlung führen kann. Daß bei den zahlreichen technischen Kontaktmöglichkeiten die Behinderung in der menschlichen Begegnung, die Armut an echten Bindungen und Beziehungen noch im Zunehmen begriffen sind, ist das sicherste Zeichen, daß der Mensch den Menschen zu seinem Werden und Reifen braucht. Die Isolation bis zur Arbeitsunfähigkeit ist eines der dringendsten Notsignale gestörter personaler Beziehungen, der Unfähigkeit zur Gegenwärtigung des eigenen Unreifestatus in einer zwar vom Menschen veränderten, aber noch nicht souverän gestalteten Welt.

In dieser Epoche, da der Mensch durch die Ausweitung seiner Verfügungsmacht über Energien am meisten gefährdet ist, wächst auch die Einsicht in sein Wesen, der rettende Durchblick zu den heilenden Urgründen, zu den Ursprüngen seiner Erlösung. Die rebellierenden Söhne in Wirtschaft und Wissenschaft, in Familie, Kirche und Staat erinnern an einen jungen Eiferer, Saulus, der vor 1900 Jahren gegen eine feste Stadt ritt, die Damaskus hieß.

Seit Beginn dieses Jahrhunderts ist von verschiedenen Standpunkten von Philosophen, Pädagogen, Ärzten, Dichtern, von Männern und Frauen nach den Wegen und Formen der Erziehung des Menschen und der Gesellschaft angesichts der technischen Entwicklung gefragt und geantwortet worden. Sie haben Diagnosen und Prognosen, Diakrisen und Wegweisungen gegeben, die alle in Beziehung zu dem Menschen in der gegenwärtigen Welt standen und darum auch der Gegenwärtigung dienen. Die Menschen vergangener Jahrhunderte wurden durch Seuchen und Kriege zu Sammlung, Besinnung und Gegenwärtigung zum Teil gefordert, zum Teil gezwungen. Der Mensch, der keine Anstrengung und keinen noch so gefährlichen Einsatz seiner Kräfte, Mittel und seines Lebens in der Erforschung und Eroberung dieser Welt und des Kosmos scheut, ist sich zum erstenmal selbst in seinem Dasein und Werden zur dringendsten Frage geworden. Daß er bereit ist, sich dieser Frage zu stellen, lassen die Ereignisse und das Agieren der Menschen in allen Bereichen der Familie und der Gesellschaft deutlich erkennen.

Der Mensch: Fliehender oder Pilger?

Die Frage nach dem Wesen des Menschen ist zu allen Zeiten der Geistesgeschichte gestellt worden. In der Philosophie des klassischen Altertums lautete die Frage: Was kann der Mensch wissen? Im christlichen Mittelalter: Was kann der Mensch glauben- was darf er hoffen? In der Neuzeit: Was soll der Mensch tun?

Unsere Zeit steht unter der Frage: *Was oder wer ist der Mensch?* In diesem Zusammenhang lautet die Frage: Ist der Mensch unrastig Wandernder, wohnsitzlos Schweifender, oder ist er unterwegs zu einem bestimmten Ziel, ist er Pilger? Je nach der Beantwortung dieser Frage werden die Menschen ihr Leben gestalten.

Seinem innersten Wesen nach ist der Mensch auf *Beglückung* und *Beseligung* angelegt. Auf keines von beiden kann er freiwillig verzichten. Beglückung erfährt er durch Begegnung und unio mit den Mitmenschen. Beseligung wird ihm nur durch unio mit Gott in der fruitio Dei, in dem Einswerden mit ihm (Augustinus). Beglückung und Beseligung bleiben dem Menschen versagt, wenn er sich beharrlich der Begegnung mit Gott und den Menschen entzieht.

1. Der homo vagus als unstet Fliehender, Heimatloser

Vagari = umherschweifen, wandern; vagus = der Wohnsitzlose, der Mensch ohne festen Wohnort. Vagabundus = der Mensch, der, von einem inneren Drang getrieben, umherwandern muß, der nicht seßhaft sein kann, weil es ihn von einem Ort zum anderen treibt, der triebhaft Wandernde. Mit Vagantentum ist ein Verhalten gemeint, das den Menschen beständig unterwegs sein läßt. Hinter diesem Verhalten steht eine seelische Verfassung, die auf einen beständigen Wechsel des Milieus, des Erlebnisbereiches drängt. Es ist ein Mangel an Stabilität und Stetigkeit im Erleben, im Kontaktnehmen mit der Welt und mit dem Selbst der eigenen Person (W. Heinen, Liebe als sittliche Grundkraft und ihre Fehlformen, Freiburg [3]1968 S. 477).

Dem Menschen sind Raum und Zeit als seine besonderen Lebens- und Wirkmöglichkeiten gegeben, über die er mehr oder weniger frei verfügen kann. Das Tier lebt auch im Raum dieser Welt, aber es verfügt nicht darüber, weil es umweltgebunden, milieuabhängig lebt. Es lebt auch in der Zeit, aber es hat keine Zeit, die es erfüllen und benutzen könnte wie der Mensch.

Der Mensch hat Raum und Zeit, mit denen er umgehen, über die er in begrenzter Freiheit verfügen kann.

Der homo vagus lebt in Raum und Zeit, er benutzt sie auch und verfügt darüber, allerdings in seiner Weise. Er kann einen Ausgangspunkt und einen Zielort haben, aber sie binden und verpflichten ihn nicht. Er kann auch nach einem Zeitplan leben, der für ihn aber nicht verbindlich ist. Selbst wenn er sich äußerlich an einen Raum- oder Zeitplan hält, so geht er doch nicht mit seiner ganzen Person, mit seinen seelisch-geistigen Kräften in ihn hinein; er bindet und verpflichtet sich nicht durch eine klare Bereitschaft zur Verantwortung. Der homo vagus wechselt leicht und oft den Aufenthaltsort und ist eigentlich, d. h. mit seiner Person nirgendwo daheim. Er ist heimatlos in einem spezifischen Sinn und ist doch überall »zu Hause«. Er läßt sich von den Eindrücken der Landschaft, von den Dingen und Menschen in einem unverbindlichen Sehen und Hören, in einem Erleben ohne Tiefgang anmuten. Er genießt das Schweifen wie der Sensationshungrige, der nur oberflächliche Berührung mit der Umwelt sucht, ohne sich mit ihr wirklich *einzulassen,* ohne sich in den Dienst an einer Sache oder an Menschen zu stellen. Er genießt ein Freisein von Bindung und Verantwortung und weicht der Freiheit für das Sichentscheiden und Sicheinsetzen beharrlich aus. Damit gelangt der Vagus weder zur Herrschaft über Raum und Zeit noch über sich selbst. Genau gesehen ist ein solches vielfältiges Ausweichen eine ebenso mannigfache *Flucht vor* dem eigenen *Selbst,* vor dem *Du* und *Wir* und vor *Gott.*
Heimatlosigkeit und Ungeborgenheit gibt es heute nicht nur bei Vertriebenen und Flüchtlingen, die auf das Konto einer falschen Machtpolitik zu buchen sind, sondern auch bei zahlreichen Menschen, die nicht einem politischen Druck ausweichen mußten, vielmehr einem persönlichen Trieb oder Drang nachgeben. Vagieren, Fliehen, das *Sichentziehen* gibt es heute in wachsendem Maße in allen Bereichen des privaten und öffentlichen Lebens.
a) Im *Berufsleben:* Bereits in der Berufswahl und in der beruflichen Ausbildung wird der homo vagus entweder einer verbindlichen Entscheidung ausweichen oder sie bald durch einen öfteren Berufswechsel rückgängig machen. Ein wiederholter, in kurzfristiger Folge getätigter Wechsel des Berufes oder des Arbeitsplatzes läßt eine ausgesprochene Neigung zum Vagieren vermuten.
Eine Anzahl von Berufen bietet die Möglichkeit, den Wandertrieb oder das Bedürfnis nach Wechsel und Veränderung zu befriedigen, z. B. auf Verkehrs- und Transportmitteln, Eisenbahn, Schiffahrt, Luftfahrt, die Handelsvertretungen, die ambulanten Gewerbe, ferner Journalisten im Außendienst, Beauftragte weitverzweigter Organisationen in Kirche, Politik und Versicherungswesen.
b) Es gibt ein Vagantentum im *Ehe-* und *Familienleben,* das mit dem Aufschwung der Technisierung und der Ausweitung des Verkehrs gewachsen ist und nach den zwei Weltkriegen bedrohliche Formen angenommen hat. Die oft weit vom Wohnsitz liegenden Arbeitsplätze, ferner die zuneh-

mende Wochenendbewegung haben sich bisher auf das Ehe- und Familienleben nicht günstig, in zahlreichen Fällen gefährdend ausgewirkt. Das Vagantentum in der ehelichen Liebe und Gemeinschaft hat seinen Ausdruck in den Ehekrisen und Scheidungen gefunden.

c) Im *staatsbürgerlichen* Leben zeigt sich das Vagantentum in der Verantwortungsscheu der Ohne-mich-Haltung und in egozentrischen Bestrebungen der zahlreichen Interessenverbände, die nicht selten den eigenen Wohlstand dem Gemeinwohl überordnen oder vorziehen.

d) Das Gegenstück zur Ohne-mich-Haltung ist im geistigen und religiösen Bereich das beharrliche Ausweichen vor den Forderungen des *Kairos.* Die Flucht vor Besinnung und innerer Sammlung in die Zerstreuung und Ablenkung leistet dem Vagantentum größeren Vorschub, als im allgemeinen eingestanden wird. Sensationshunger und Vergnügungstrieb versuchen die Lücken auszufüllen, die durch den Schwund an Besinnlichkeit und Muße im Individual- und Gemeinschaftsleben offenkundig werden. Das Tempo der Arbeit – zum Teil von der Maschine bestimmt – und der Rhythmus des Erwerbsstrebens setzen sich unbewußt in das Privatleben des einzelnen und der Familien fort und verhindern Ruhe und Gelassenheit. Die Jagd nach Besitz, Geltung und Genuß machen die Unrast und die *Fehlorientierung* im *Liebesstreben* des homo vagus vollständig. Bis zur Lebenswende oder Lebensmitte um das 40. Lebensjahr mag eine solche Lebensführung ohne ernste Schäden oder Störungen gelingen, da das leibliche Leben noch im Aufbau, im Aufstieg begriffen ist. Von der Lebensmitte an steht das leibliche Leben im Zeichen des Abbaus und des Verfalls. Soll eine Lebenskrise vermieden oder bestanden werden, so ist eine ernstliche *Umstellung* auf den *letzten Sinn,* auf das *jenseitige Ziel* des Menschen unerläßlich.

II. Der homo vagus als Sinn- und Heimat-Sucher

In allen Lebensvollzügen des homo vagus zeigt sich eine Vorherrschaft der Triebstrebungen vor dem besonnenen Wertnehmen und vor der verantwortungsbewußten Sinnverwirklichung. Diese Herrschaft des kindlichen begehrlichen Verlangens nach Besitz, Geltung, Macht und Genuß verhindert jenes Verstehen und Bejahen der Werte und Sinnbezüge, die für die Entfaltung und Verwirklichung der Person unentbehrlich sind. Der *homo vagus* und erst recht der *vagabundus* sind allerdings nicht nur auf der Flucht vor dem Du, Wir und Selbst, sie suchen auch eifrigst nach der *Begegnung,* nach dem echten Kontakt mit ihnen. Sie sehnen sich im Grunde ihres Herzens nach Heimat und Geborgensein; sie verlangen aus der unbestechlichen Tiefe ihrer Seele nach *persönlicher Erfüllung* aus tiefem Sinnverständnis, aus gültigem Reifen ihrer Person. Wo der homo vagus vor dem Du und Wir ausweicht, wo er die Begegnung mit dem Selbst flieht, geschieht eine solche Flucht in vielen Fällen unbewußt, entweder aus Mangel an Vertrauen zur eigenen Person (Minderwertigkeitsgefühle) oder aus Mißtrauen gegen die Mitwelt. Am deutlichsten zeigt sich die Flucht in der vielgestaltigen *Neurose*. Aber selbst in den Erstarrungen und Verzerrungen seelischen und leib-seelischen Lebens des neurotischen und neurosebereiten Menschen werden noch das Sinnbedürfnis, das Suchen nach bleibenden Werten, nach Heimat und Geborgenheit in der Liebe offenbar. Zu den Ursprüngen der Flucht vor dem Du und Wir, des Ausweichens vor der Verwirklichung des Selbst gehören: Selbstunsicherheit aus Ichbesessenheit, Riesenansprüche auf Besitz, Geltung und Genuß, die als solche nicht eingestanden werden, ferner der eindeutige Mangel an Ehrfurcht und Demut, der Verlust des unmittelbaren Kontaktes mit dem wachsenden, reifenden Leben, der Schwund an echter Naivität, die mit Infantilität nicht zu verwechseln ist. All diese Mängel versucht der homo vagus nicht nur zu verdecken, vielmehr will er sie kurzfristig mit eigener Anstrengung, aus eigenem kurzfristigem Bemühen selbstmächtig beheben. Daß diese Eigenmächtigkeit in Wirklichkeit Ohnmacht bedeutet, daß die Autonomie oder Selbstherrlichkeit im Gegensatz zur Theonomie (Gehorsam gegen Gottes Gesetz) scheitern muß, erlebt der homo vagus zwar deutlich genug, aber er versteht das Scheitern nicht, weil er sich nicht kennt, weder in seinem krankhaften Suchen nach Sinn und Ziel seines Lebens noch in seinem Verlangen nach Heimat in geordnetem Lieben. In der *dreifachen Flucht* des homo vagus vor dem mitmenschlichen Du, vor Gott und vor dem Selbst ist das Suchen des Menschen nach den drei genannten Richtungen noch wirksam, allerdings in falscher Weise, auf irrigen Wegen. Das Sichwehren gegen Gott und sein Liebeswerben ist dem Menschen nur mit geschlossenen oder »gehaltenen« Sinnen möglich. Der unentwickelte oder fehlgeleitete Glaube läßt den Menschen blind und taub sein für die mannigfachen Offenbarungen und Bezeugungen Gottes. An dieser Blindheit und Taubheit hält er mit einer *Ichverliebtheit* fest, die für den Sehenden und Hörenden schwer verständlich ist. Die Lösung einer solchen Ichverkrampfung wäre möglich, wenn es zu einer echten, offenen Begegnung mit einem Mitmenschen käme, denn nur am Du entdeckt der Mensch sein Ich, nur in der Begegnung mit dem Du und Wir findet er sein Selbst, weil das »Du älter ist als das Ich« (Fr. Nietzsche). Weicht der Ichbesessene dem mitmenschlichen Du und Wir aus, so vermag er sich selbst nicht aus dem Ichkerker, aus der Ich-Gefangenschaft zu befreien. Solche ichhafte, egozentrische Isolierung treibt ihn in die Panik, und die Panik drängt und stößt ihn in das hektische, rastlose Suchen nach dem Du, das ihn lösen, erlösen und befreien könnte, wenn es mächtig, d. h. vertrauensstark genug wäre, den ausweichenden oder fliehenden homo vagus auf seiner Flucht zu stellen, ihn seine Unfreiheit sehen und überwinden zu lassen. Mit dem Abbau des aufgeblähten, eigenwilligen und blindsuchenden Ich würden das verdrängte Du, der umgangene, übersehene Gott und das unterdrückte wahre Selbst langsam in das Blickfeld des homo vagus oder vagabundus treten und, richtig beurteilt, auch angenommen werden. Ohne Sterben des krankhaft oder krampfhaft gepflegten Ich sind ein Du-Finden, das Selbst-Entdecken und die Bejahung Gottes nicht möglich. Im Sterben des Ich gelingt nicht nur das Finden des Du und Wir, sondern auch die Entdeckung des Selbst, des Wesens und Ziels der eigenen Person in ihrer Beziehung zu Gott und zu der menschlichen Gesellschaft (Wir). Diese *Selbstfindung* kann bis zur Lebensmitte (40. Jahre) dauern, wo dann die *Selbstüberwindung* anheben muß im Sinne des Pauluswortes: »Ich lebe, doch nicht mehr ich, sondern Christus lebt in mir« (Gal 2, 20). Am mitmenschlichen Du und Wir löst sich der homo vagus vom infantilen Ich und wird zum Selbst. In der Begegnung mit Gott vermag er das Selbst zu lassen. Die mitmenschliche geordnete Liebe kann dem homo vagus Herberge und Gelassenheit, *Gott* allein kann *Heimat* und *Lebenserfüllung* geben.

III. Der homo viator als Pilger zum Ewigen

Das Merkmal des homo vagus ist das rastlose Unterwegssein, sein Suchen, Sehnen, Erwarten und Verlangen, der unaufhörliche Wechsel des Standortes, der Eindrücke und Ziele. Anders beim *homo viator*, dem *Pilger*, der auch ein Suchen und Sehnen, ein Erwarten und Verlangen in sich trägt, das sich von dem des Vaganten in jeder Hinsicht unterscheidet.

Der Mensch als Pilger weiß glaubend um seinen Ursprung und kennt sein letztes Ziel, das nicht im Hier und Heute, sondern im Jenseits liegt. Diese Ursprungs- und Zielklarheit bewahrt ihn vor panischer Angst und zweifelnder Sorge; sie vermittelt *Gelassenheit* und hält Betriebsamkeit fern.

Der Pilger sieht die bunte Welt und freut sich ihrer Schönheit, aber er überläßt sich ihr nicht vorbehaltlos, verfällt ihr nicht, da er um ihre Vergänglichkeit weiß: »Die Gestalt dieser Welt vergeht« (1 Kor 7, 31). Weder Weltmüdigkeit noch Weltverachtung, weder Weltlust noch Weltflucht beseelen ihn, weil er den Dingen und Menschen auf den Grund schaut, sie in ihrem Wert und in ihrer Unbeständigkeit durchschaut. Solche Weltschau und Menschenkenntnis stimmt ihn weder traurig noch übermütig. Die kritische Bewertung bewahrt ihn vor *Selbsttäuschung* und erspart ihm *Enttäuschung*. Der Pilger erwartet von den Dingen und Menschen, was sie in Wirklichkeit sind und was sie zu geben vermögen, nicht mehr und nicht weniger. Das Vorübergehende fesselt und bannt ihn nicht, der Gestaltwandel alles Irdischen bedrückt oder befremdet ihn nicht, vielmehr weist es auf das Bleibende, zum Ewigen.

Der Mensch in der Haltung des Pilgers sieht und bejaht den Mitmenschen als sein *unentbehrliches Du*, an das er gewiesen, das auf ihn angewiesen ist. Diesem Bezogensein im Zueinander, Füreinander und Miteinander weicht er weder aus, noch überläßt er sich ihm ganz. Den berechtigten Ansprüchen des Du und Wir stellt er sich mit seinen Kräften, seinem Dienst und seiner sorgenden Liebe. Da er sich im Du erkennt mit seinen Fähigkeiten und seinen Mängeln, mit seinen Licht- und Schattenbereichen, vermag er sich in seinem Sosein und in seinem Werden anzunehmen, ohne falsche Demut, ohne übertriebenen *Geltungsanspruch*. Weil er sich annimmt, gerade wie er ist, wirkt er auf seine Mitmenschen echt und *vertrauenerweckend*.

Der homo viator ist der von Gott kommende und der zu Gott heimkehrende Mensch, ein Sinnbild des Vorübergehenden, des Übergangs und des Durchschreitens der raumzeitlichen Welt. Er hat die rechte Einstellung zum *Raum* dieser Welt, da er sich weder an einem Punkt festsetzt, ihn nicht für bleibende Stätte hält, noch verachtet er das Räumliche, Gestalthafte, indem er es geringschätzt oder eilend übersieht. Die Zeit erlebt er als Möglichkeit des Werdens, Wandelns und Reifens, niemals als Langeweile, auch nicht als Zwingherrin. »Bei allem süßen Finden Gottes in den Dingen aber ist er sich auch der Gefahr bewußt geworden, die im unersättlichen Begehren nach den Gütern dieser Welt liegt, das blindwütig alles zusammenrafft und es mit leidenschaftlichem Griff umklammert hält« (W. Nigg, Des Pilgers Wiederkehr, Frankfurt 1958, S. 22). So ist der Pilger eine leibhaftige Absage an jede Art von Weltverhaftung, von Fesselung des Menschen an das materielle Hier und Jetzt. Er ist aber ebenso Verheißung und Zusage an den sinnforschenden und wertsuchenden Menschen aller Lebensalter und Berufsgruppen. »Das religiöse Verständnis erfaßt den Pilger als Träger eines Charisma, durch den unverkennbare Heilandszüge hindurchschimmern« (W. Nigg, a. a. O. S. 23).

Noch eine andere Seite des homo viator ist zu sehen:

IV. Der peregrinus unterwegs, aber geborgen

Der homo vagus ist unterwegs mit häufig wechselnden Zielen in dieser Welt, aber es fehlt ihm das letzte, endgültige Ziel, von dem die Teilziele Licht, Wert und Gültigkeit erhalten. Dieses feste Ziel, das für den Menschen niemals im Raum, in der Zeit dieser Welt liegen kann, hat der Pilger, der peregrinus. Auf dieses letzte, endgültige Ziel seiner Pilgerschaft – Gott – ist sein gesamtes Schauen, Sinnen und Trachten, sein Hoffen, Warten und Werten gerichtet. Dieses Ziel ist für ihn weder ein Phantom noch eine Illusion, vielmehr dichteste Wirklichkeit, unumstößliche, unabänderliche Wahrheit im christlichen Glauben, Hoffen und Lieben. Darum ist seine Zielstrebigkeit im Vergleich zum Vagus so unbeirrbar sicher.

Als Zielschauender ist der Pilger zugleich Wegsucher und Wegweiser zu Gott, weniger in Worten oder Belehrungen, sondern einfach in seinem Sein, in der Gelassenheit seines Gehens durch diese Welt. Er weiß, daß es so viele Wege zu Gott gibt, wie Menschen in dieser Welt leben, daß im Grunde alles Geschaffene sowohl wegweisende als auch bannende Macht hat. Für sich läßt er die Dinge Wegweiser zum ewigen Ziel sein, und gerade dadurch wird der Pilger selbst zum Wegweiser für die Mitmenschen.
Der Pilger lebt das Unterwegs in dieser Welt mit allen Gefährdungen und Bedrohungen, die auch ihm nicht erspart bleiben. Er kennt die Gefahren des Menschseins mit dem mehrfachen Widerstreit: im Menschen (Trieb – Ich gegen Geist – Selbst), zwischen den Menschen, zwischen Mensch und Natur, von Mensch zu Gott. Aber er weicht diesen Widerstreiten weder aus, noch versucht er, sie zu überspringen. Auf seinem langen, beschwerlichen Weg findet er *Herberge,* denn er weiß um die schützende, bergende Macht der Natur und des Menschen. Da ihm Herberge zuteil wird, wenn er sie braucht, vermag er selbst anderen Herberge zu geben und bergender Schützer zu sein.
So lebt der Pilger das Geborgensein im Unterwegs zu Gott. Nicht irdische Mittel, nicht menschliche Kraft sind ihm letztlich Hort und Bergung, sondern sein lebendiger Glaube, sein unerschütterliches Vertrauen, letztlich Gott selbst.
Im Pilger ist das Symbol des Zieles, des Weges, der Herberge und der Geborgenheit unter uns lebendig. Mit dem Blick auf ihn kann der gehetzte und suchende Mensch der Gegenwart das verlorene Ziel – Gott – wieder finden, den Weg zum Ziel gehen, der Herberge gewiß sein und Geborgenheit erleben, nach der er sich Zeit seines Lebens sehnt.

Das Verhalten Jugendlicher - Rätsel für Eltern und Erzieher

Von jeher war der Mensch seinen Mitmenschen und im Jugendalter auch sich selbst rätselhaft, das bedeutet, er gab und gibt mit seinem Sein, Werden und Verhalten anderen Menschen und sich selbst zu raten, zu fragen und zu forschen auf. Dieses Rätsel Mensch ist zur Lösung aufgegeben.[1] Darum ist jeder Mensch, der eine mehr, der andere weniger, vom Anfang bis zum Ende seines Lebens ein Fragender, Suchender, Forschender. Überdies ist jeder Mensch ein Geheimnis (Mysterium) den Mitmenschen und sich selbst. Geheimnisse im strengen Sinn des Wortes (mysteria stricte dicta) sind weder lösbar noch erklärbar; sie können nur im Glauben angenommen werden, oder sie bedrängen den Menschen als sogenannte Sinnfrage direkt oder indirekt in den verschiedenen Aktionsformen oder Reaktionsweisen. Trotz allen Fragens und Antwortens, Suchens und Findens, Forschens und Entdeckens ist das Rätsel Mensch auch heute nur teilweise zu enträtseln oder zu lösen. Vieles ist und bleibt auch heute und morgen an ihm und in seinem Verhalten ungeklärt und unerklärbar, weil jeder Mensch nicht nur Rätsel ist und aufgibt, vielmehr ein Mysterium ist, das nur über Symbolintuition im Glauben angenommen werden kann. Mit der Rätselhaftigkeit seines Wesens und Verhaltens weist der Mensch auf den geheimnisreichen Urgrund, aus dem er stammt, auf den hin er zurückstrebt: Gott, der sich als Dreieiniger, als Vater, Sohn und Heiliger Geist offenbart hat, am deutlichsten in Jesus von Nazareth, dem Christus.[2]

Je weniger oder schwächer (d. h. mit Vorbehalten) ein Mensch an dieses Mysterium: Dreieiniger Gott glaubt, ihn anbetet und verherrlicht, desto rätselhafter werden ihm diese Welt, sein eigenes Leben, seine Mitmenschen, desto geheimnisvoller wird er den Mitmenschen und sich selbst, desto fragwürdiger und unheimlicher werden ihm die Welt, die Mitmenschen

[1] *A. Carrel*, Der Mensch das unbekannte Wesen, Stuttgart 1955; *A. Schopenhauer*, Die beiden Grundprobleme der Ethik: 1. Über die Freiheit des menschlichen Willens. 2. Über das Fundament der Moral, Leipzig 1927; *Aurelius Augustinus*, Confessiones. Bekenntnisse, lat. und deutsch, München 1955; *M. Scheler*, Die Stellung des Menschen im Kosmos, München 1947; *P. Wust*, Ungewißheit und Wagnis, München [6]1955; *A. Gehlen*, Der Mensch. Seine Natur und seine Stellung in der Welt, Frankfurt [7]1962; *A. Vetter*, Wirklichkeit des Menschlichen, München 1960; *J. Tenzler* (Hg.), Wirklichkeit der Mitte. Festgabe für *A. Vetter*, München 1968.

[2] *K. Adam*, Jesus Christus, Augsburg [1]1933; *ders.*, Der Christus des Glaubens, Düsseldorf [2]1956; *R. Geiselmann*, Jesus der Christus. Erster Teil: Die Frage nach dem historischen Jesus, München 1965.

und die eigene Existenz. In dieser Situation befinden sich, in dieser seelischen Verfassung erfahren sich ungezählte, vor allem naturwissenschaftlich kenntnisreiche, technisch aktionstüchtige, erfolgreiche zivilisierte Männer und Frauen dieser Epoche, in der wir leben.[3]
Das Frage-Antwort-*Spiel* war in allen Gesellschaften mit Schulbildung in allen Altersstadien stets beliebt. Das Quiz in allen Variationen erfreut sich heute besonderer Wertschätzung, wahrscheinlich, weil es einem menschlichen Urbedürfnis – dem Fragen – entspricht. Das schwierigste Quiz ist der Mensch selbst, besonders in seinem Werden und Reifen. Kinder und Jugendliche sind in der Gesellschaft der Gegenwart die am schwierigsten zu lösenden Rätsel. Was sie an Fragen und Forderungen den Eltern, Lehrern, Erziehern und Lehrmeistern aufgaben, ist zwar in den rasch wechselnden Formen und Phänomen bekannt, jedoch in ihrer Reichweite und noch mehr in ihrer Finalität verborgen. Um den Bedeutungsgehalten auf die Spur zu kommen, soll das Thema in drei Schritten oder in drei Fragegruppen angegangen werden:

I. Wer sind die rätselhaft fragenden und fordernden Jugendlichen?
II. Wie stehen Eltern und Erzieher zu diesen fragenden und fordernden Jugendlichen?
III. Gibt es ein gemeinsames Lösen der Rätsel und ein befriedigendes Erfüllen der Forderungen?

Das Befragen oder Erforschen der Natur in den zahlreichen Formen des Experimentes ist in der Wissenschaft selbstverständlich. Das Befragen der Menschen in der Meinungsforschung ist erst nach dem Zweiten Weltkrieg in Europa Mode geworden. Das Hinterfragen menschlichen Agierens und Reagierens auf ihre Ursprünge, Symbolgehalte und Zielrichtungen (Finalitäten) wird erst in jüngster Zeit dringlich, weil das eruptiv aufbrechende Unbewußte des Menschen in anderen Formen (Bildern und Symbolen) fragt und fordert als das vom Nutzeffekt besessene Fragen und Forschen des Bewußtseins, das sich vorwiegend der deduktiven Denkbewegung und der begrifflichen oder formelhaften Aussage bedient.[4] Da der induktiv-intuitive Weg des Forschens mit dem deduktiv-begrifflichen in der Wissenschaft gleichberechtigt ist, so kann mit ernsten Argumenten nicht gegen ihn votiert werden. Dieser induktiv-intuierende Weg des Forschens und Er-

[3] *W. Heisenberg*, Physik und Philosophie, Frankfurt 1965; *M. Planck*, Religion und Naturwissenschaft, Leipzig 1947; *K. Lorenz*, Das sogenannte Böse. Zur Naturgeschichte der Aggression, Wien ³1964; *L. Binswanger*, Grundformen und Erkenntnis menschlichen Daseins, München ³1962.
[4] *C. G. Jung*, Gestaltungen des Unbewußten, Zürich 1950; *ders.*, Die Dynamik des Unbewußten, Zürich 1967; *S. Freud*, Zur Psychopathologie des Alltagslebens,

kennens ist in der Beantwortung der zahlreichen Fragen, die das Thema aufgibt, ergiebiger und überzeugender für jeden, der außer Nutz-Effekt und Spiel-Wert noch den Symbolgehalt in menschlichem Agieren und Reagieren anerkennt.

I. Wer sind die fragenden und fordernden Jugendlichen?

In diesem Abschnitt soll nicht eine Wesensbestimmung der Kinder und Jugendlichen versucht, vielmehr ihr Verhalten und Sichgeben auf direkte Fragen, auf implikative (eingewickelte) Forderungen untersucht werden.[5]

1. Wie und was fragen und fordern Kinder (3.–12. Jahr)?

Um das Fragen und Fordern der Jugendlichen zu verstehen, ist heute unerläßlich, das Fragen der Kinder genauer zu kennen, ihre indirekten Forderungen zu vernehmen. Kinder fragen: Wer oder was ist das? Sie forschen nach dem Namen, weil das Benennen für den Umgang, für das Sichverständigen mit anderen Menschen wichtig ist. Die kindlichen Fragen: Wie oder woher kommt das? oder: Warum ist das oder der so? forschen nach dem Ursprung einer Sache, eines Menschen oder eines Vorganges. Die Fragen: Wozu ist das? Wohin geht oder führt das? sind Fragen nach Raum, Zeit und Sinn eines Seins, eines Werdens, Geschehens oder Handelns. Außer diesem direkten Fragen und Fordern gibt es das indirekte Fragen, das unbewußte Fordern durch Fehlverhalten: Lügen, Naschen, Stehlen, durch Quälen der Tiere und der Menschen, ferner durch Stören im Unterricht oder in feierlichen Veranstaltungen, durch Beschädigen und Zerstören. Andere Formen kindlichen Fragens sind: Betteln und Trotzen, Weinen und Klagen, Täuschen und Betrügen. Diese genannten negativen Ausdrucksformen kindlichen Agierens und Reagierens, denen man eine ebenso große Zahl positiver Verhaltensformen entgegensetzen kann, enthalten eine ganze Reihe von Fragen und Forderungen an Eltern und Lehrer, an Geschwister und Kameraden (gleichalte und ältere).[6]

in: Ges. Werke, London 1947 ff., Bd. 4 London 1947; *A. Adler*, Menschenkenntnis, Zürich [6]1954; *ders.*, Praxis und Theorie der Individualpsychologie, Darmstadt 1965; *H. Schultz-Hencke*, Der gehemmte Mensch, Stuttgart [2]1947; *L. Szondi*, Ich-Analyse. Die Grundlage zur Vereinigung der Tiefenpsychologie, Stuttgart 1956.

[5] *R. Dreikurs, A. Soltz*, Kinder fordern uns heraus. Wie erziehen wir sie zeitgemäß? Stuttgart 1966; *W. Heinen*, Um die Seele des Kindes, Hamm [5]1968; *ders.*, Das indirekte Fragen nach den personalen Grundgestalten in menschlichem Agieren und Reagieren, in: Jb. d. Inst. f. christl. Sozialwissenschaften V, Münster 1964, 275–290.

[6] *R. A. Spitz*, Nein und Ja. Die Ursprünge der menschlichen Kommunikation,

Was fragen und fordern Kinder mit diesem Verhalten?
Da diese Fragen Ausdruck ihres Werdens und Reifens, diese indirekten Forderungen Ausdruck ihrer Bedürftigkeit sind, so ist verständlich, daß sie nach *jemand*, nach persönlicher Zuwendung fragen, daß sie Bejahung, Anerkennung und Hilfe durch ganz bestimmte *Beziehungspersonen* ihrer Familie und ihres Lebenskreises anfordern oder nachfordern. Primär werden von Kindern Eltern, speziell die Mutter, ferner Geschwister, zunächst ältere, später auch jüngere gefragt und gefordert. Warum fragen und fordern Kinder, nicht nur mit den genannten Ausdrucksweisen, sondern auch durch Erkrankung oder Unfall, heute sogar durch Grausamkeiten und regelrechte Delikte (Verwundung, Raub, Tötung) Eltern und Erwachsene heraus? Untersuchungen haben ergeben, daß Kinder und Jugendliche aus einem Werde- und Reifungsnotstand zu solchen Herausforderungen gekommen sind, die, genauer untersucht, sich als berechtigte Nachforderungen menschlich-personaler Reifungshilfen zu erkennen gaben.[7] Dieses kindliche indirekte Fragen und Nachfordern wäre dann nicht nur als Signale äußerst dringenden, d. h. schmerzlichen Reifungs- oder Beziehungsnotstands zu verstehen, sondern zugleich auch als Ausdruck ihres Vertrauens, ihrer berechtigten Erwartungen, ihres Verlangens nach Beistand, Hilfe zum Erlernen des Vertrauens, des Liebens, des Glaubens und Gehorsams ernst zu nehmen.[8] Da diese humanen Urfähigkeiten in früheren kinderreichen Familien der Agrargesellschaft leichter erlernt und gekonnt wurden als in den zumeist kinderarmen Familien der Industriegesellschaft, werden schon seit der letzten Jahrhundertwende, offensiv und aggressiv seit ungefähr 15 Jahren, personale Nachhilfen für den retardierten und noch öfter für den gestörten Reifungsprozeß nachgefordert – auch und gerade von Kindern, weil sie noch vorwiegend vom Unbewußten her leben, das diese Reifungsverzüge und Werdenotstände äußerst präzise und unerbittlich signalisiert.
Warum sind Kinder auf die personalen Helfer und Helferinnen angewiesen? Warum genügt nicht die sachlich ausreichende Versorgung mit Nahrung, Kleidung, Wohnung, Spielzeug? Weil die für das Gelingen

Stuttgart 1958; *ders.*, Die Entstehung der ersten Objektbeziehungen, Stuttgart ²1959; *ders.*, Vom Säugling zum Kleinkind, Stuttgart 1967; *A. Dührssen*, Psychogene Erkrankungen bei Kindern und Jugendlichen, Göttingen ⁴1962; *W. J. Revers*, Frustrierte Jugend. I. Fälle und Situationen, Salzburg 1969; *H. Zulliger*, Die Angst unserer Kinder, Stuttgart 1966; *ders.*, Horde – Bande – Gemeinschaft. Eine sozialpsychologisch-pädagogische Untersuchung, Stuttgart 1961; *ders.*, Schwierige Kinder, Stuttgart ³1951.

[7] *F. Künkel*, Ringen um Reife, Konstanz 1955; *J. Herzog-Dürck*, Zwischen Angst und Vertrauen, Nürnberg 1953; *F. Schottlaender*, Die Mutter als Schicksal, Stuttgart ⁵1965.

[8] *M. A. Sechehaye*, Die symbolische Wunscherfüllung, Stuttgart 1955; *F. Schottlaender*, Das Ich und seine Welt, Stuttgart 1959.

menschlichen Lebens entscheidenden Kenntnisse und Fertigkeiten: Vertrauen, Lieben, Glauben, Gehorchen, Arbeiten, Leiden und Sterben von Menschen vorgebildet, abgesehen und nachgebildet werden. Belehrung und verbale Mitteilung sind für das Einüben und Erlernen dieser humanen, personal-sozialen Urvollzüge in keinem Fall ausreichend. Diese Abhängigkeit mag als Mangel oder Rückstand bezeichnet werden; der Mensch in allen Kulturen, Entwicklungsstadien wie auch in allen Lebensstadien ist auf diese personalen Relationen zu den acht Grundgestalten *ver*wiesen und bleibt für die Dauer seines Lebens auf die Aussöhnung mit ihnen *an*gewiesen, sofern sein Leben gelingen soll.[9]

2. *Was und Wie fragen und fordern Jugendliche (12.–21. Jahr)?*

Die unbeantwortet gebliebenen Fragen, die unerfüllt gebliebenen legitimen Erwartungen und Forderungen des Kindes stellen sich verstärkt im Leben des Jugendlichen; sie drängen auf allen Wegen und mit allen Mitteln auf Beantwortung und Erfüllung.[10]

Jugendliche fragen direkt und heute noch öfter *indirekt* nach dem Prozeß ihres Werdens, menschlich und beruflich. Sie fragen nach dem Sinn und Verhalten ihrer Eltern, nach der Position und Aufgabe der Brüder und Schwestern, und das besonders eindringlich, wenn diese in ihrer Ursprungsfamilie ganz oder teilweise fehlen, weil ohne diese horizontalen Geschwister-Relationen das Sichlösen von den Eltern erschwert oder behindert wird. In Frage gestellt werden die bestehenden Strukturen und Ordnungen in Familie, Berufsbereich, Wirtschaft, Wissenschaft, in Politik, Staat und Kirche. Kritisch angegangen werden die bestehenden Einrichtungen, Gewohnheiten, Besitzverhältnisse und Anforderungen (establishment). Die Formen des kritischen Sondierens und In-Frage-Stellens reichen von Weigerung über Renitenz, Rebellion, Demonstration bis zum Aufruhr und zur Forderung nach Umsturz durch Revolution. Neben und mit diesen Forderungen finden sich als Ausdruck des Unbehagens, der Unzufriedenheit und der Frustrationen: Leistungsausfall, Erkrankungen, Unfall (Berufs-, Sport-, Verkehrsunfall), Vergehen, Delikte (Raub, Diebstahl, Gewaltverbrechen), Suicidversuch und perfekter Suicid (Selbstentbindung

[9] *W. Bitter* (Hg.), Vorträge über das Vaterproblem in Psychotherapie, Religion und Gesellschaft, Stuttgart 1954; *A. Vetter*, Wirklichkeit des Menschlichen; *ders.*, Personale Anthropologie, Freiburg 1966; *W. Heinen*, Werden und Reifen des Menschen in Ehe und Familie, Münster 1965.

[10] *J. Neumann*, Der nervöse Charakter und seine Heilung, Stuttgart 1954; *J. Herzog-Dürck*, Menschsein als Wagnis. Neurose und Heilung im Sinne einer personalen Psychotherapie, Stuttgart 1960; *W. Heinen*, Unbewußte Fragen und Forderungen in Suchtkranken, in: Der gefährdete Mensch im Wohlstand, Hamm 1968.

von Eltern, Beruf und Leben). Alle diese Formen sind hinsichtlich ihres Symbolgehaltes äußerst fragen- und forderungsintensiv.[11]

3. *Was fordern Jugendliche mit solchem Verhalten?*

a) Daß sie gesehen, gehört, angehört werden, und zwar zunächst von ihren Eltern und Geschwistern, sofern sie solche haben. Wenn diese fehlen oder unverständig sind, fordern sie Stellvertreter.

b) Jugendliche fordern, daß Eltern und Erwachsene sie verstehen in den Schwierigkeiten ihrer Entwicklung und Entfaltung, in der Not ihres Werdens und des Sichentscheidens. Mit Verstehen ist hier nicht nur ein intellektuelles Begreifen, sondern ein Einfühlen, ein intuierendes Innewerden ihrer existentiellen Reifungsnot gemeint. Über ein solches mittenhaft-kardiales Innewerden von Person zu Person kommt das Einvernehmen zustande, das zu dem unerläßlichen Annehmen des Du und Wir und damit des Ich-Selbst führt.

c) Die Forderungen aller Jugendlichen zielen auf Vorbilder oder Leitbilder, nicht nur oder primär auf Information und Wegweisung. Wenn zutrifft, daß die für die Entfaltung des Menschen entscheidenden Lebensvollzüge und Haltungen von Mitmenschen abgesehen, nachvollzogen und angeeignet werden, dann ist das Bestehen auf gültigen, d. h. überzeugenden Vorbildern nicht nur verständlich, sondern unerläßlich.

d) In engem Zusammenhang damit steht die Forderung der gewachsenen, im Leben, d. h. im Dienen bewährten und damit akkreditierten *Autorität*, die sich weder betonen noch herausszustellen, erst recht nicht zu begründen braucht. Wenn die sich selbst betonende Amtsautorität für Jugendliche unausstehlich oder unerträglich geworden ist, so ist die gewachsene, im Dienen sich ausweisende Autorität unwiderstehlich und darum unbestritten akzeptiert. Elterliche und priesterliche Autorität sollte diese unverwechselbaren Merkmale tragen, weil jegliche Anmaßung oder Usurpation Widerstände weckt und wegen der Unechtheit der Ablehnung verfällt.

e) Das nachdrückliche Fordern der Freiheit in Eigenständigkeit, von Jugendlichen in allen Bereichen des familiären, beruflichen und des öffentlichen Lebens, feierlich und nicht selten banal proklamiert, zielt in Wirklichkeit auf wirksamen personalen Beistand in dem schwierigen Erlernen des *Sichentscheidens*. Da man das Sichentscheiden (das paternale Element der Gewissenfunktion) von seinem Vater oder einem paternalen Stellver-

[11] *E. Stern*, Tiefenpsychologie und Erziehung, München 1959; *ders.*, Lebenskonflikte als Krankheitsursachen, Zürich 1952; *W. Heinen*, Reifungsphänomene bei Studierenden der Theologie, in: *ders.*, Begründung christlicher Moral, Würzburg 1969, 133–148; *ders.*, Kontaktprobleme im Straßenverkehr, in: *ders.*, Begründung christlicher Moral, 279–296.

treter abschauend lernt, so wird mit dem Ruf nach Freiheit in Eigen- oder Selbständigkeit die in zahlreichen Menschenleben entbehrte Gestalt des Vaters angefordert, um sich dann mit seiner Hilfe von ihm lösen zu können.[12]

f) Ungezählte Jugendliche fordern Abbau, Abbruch alter Formen und Strukturen im Leben der Gesellschaft und besonders der Kirche, darunter auch solcher, die gewachsen sind und unersetzliche Trägerfunktion haben und behalten werden. Sie ahnen nicht, daß sie all das, was sie revolutionär in Frage stellen, bekämpfen oder abschaffen wollen, für sich beanspruchen, fordern, und das unverzüglich, ohne Zeitverlust, besonders die hierarchische Vertikale, weil sich mit der polar geordneten Horizontale allein nicht leben läßt.

II. Wie stehen Eltern und Erzieher zu diesen fragenden und fordernden Jugendlichen?

Die überwiegende Mehrheit der Eltern, Erzieher und Seelsorger, besonders jene, die nach 1920 geboren sind, stehen den fragenden und fordernden Jugendlichen ratlos oder hilflos gegenüber. Sie glaubten und glauben noch, alles für ihre Kinder getan und in jeder Hinsicht ausreichend gesorgt zu haben.[13]

1. Sie verstehen nicht die Unzufriedenheit der Jugendlichen

Da die Eltern ihren Kindern und Jugendlichen alles Verfügbare an materiellen Konsumgütern gegeben, ihnen alle Ausbildungsmöglichkeiten oder Bildungschancen gewährt haben, zum Teil mit erheblichen Mitteln und Zuschüssen von seiten des Staates oder der Kirchen, wissen weder die Eltern noch die Erzieher, wo der Ursprung für das Unzufriedensein zu suchen ist. Da sie auf Fragen hin von den Kindern und Jugendlichen entweder keine oder keine verständliche Auskunft erhalten, sind sie zunächst *ratlos*. Diese Ratlosigkeit ist nicht einmal durch Erziehungs- oder Jugendberatungsstellen zu beheben, weil die dort erteilten Auskünfte

[12] *Th. Müncker*, Die psychologischen Grundlagen der katholischen Sittenlehre, Düsseldorf [4]1953; *W. Heinen*, Anthropologische und theologische Daten in der Bildung des Gewissens, in: *J. Buchmann*, *R. Svoboda* (Hgg.), Die Wende zum Gewissen, Hamm 1968, 41–52.

[13] *H. E. Richter*, Eltern, Kind und Neurose. Psychoanalyse der kindlichen Rolle, Stuttgart 1963; *A. Görres*, Pathologie des katholischen Christentums, in: Handbuch der Pastoraltheologie II/1, Freiburg 1966, 277–343; *P. Seidmann*, Moderne Jugend – eine Herausforderung an die Erzieher, Stuttgart 1963; *E. H. Erikson*, Kindheit und Gesellschaft, Stuttgart 1965.

Gründe angeben, die von Eltern entweder nicht verstanden werden oder nicht durch sie allein behoben oder beseitigt werden können. Wie sollen Frauen und Männer, Mütter oder Väter, die niemals etwas vom Unbewußten im Menschen, von Reifungsverzügen oder Reifungsrückständen ihrer Kinder gehört haben, diese seltsamen Vorgänge als Aufbruch des Unbewußten verstehen oder wirksam angehen können?[14] Da seit Beginn dieses Jahrhunderts nachweisbar kein Geburtenjahrgang eine halbwegs normale, d. h. ungestörte Pubertät mit einer gelungenen Ablösung von Eltern und Elternhaus erlebt hatte, so leben die ratlosen Eltern und Erzieher, in der Regel unbewußt, selbst noch in einem Reifungsrückstand, der bisher nicht behoben, nicht kompensiert, sondern nur mühsam verdeckt oder verschoben worden ist. Daß dieser verdrängte Reifungsrückstand der Eltern einen Reifungsverzug im Leben ihrer Kinder bewirkt hat und dieses akkumulierte Reifungsdefizit, von Kindern und Jugendlichen schmerzlich empfunden, nunmehr in Rebellion, Demonstration oder durch Krankheit, Unfall, Delikt in das Licht der Gegenwart gelebt, manifestiert wird, ist für psychologisch ungeschulte Menschen ganz und gar nicht zu verstehen.

2. *Eltern und Erzieher verstehen nicht die Sprache der Jugendlichen*

Hier ist nicht in erster Linie die begriffliche Sprache gemeint, sondern die Sprache des Ausdrucks im Verhalten, z. B. die Widersetzlichkeit, die Weigerung im Tun und Unterlassen, Unpünktlichkeit, Unordnung im eigenen Wohnraum, der unsolide Umgang mit den täglichen Gebrauchsgütern, Fehlleistungen oder Leistungsausfall in Ausbildung und Berufsausübung, die infantilen Ansprüche von 16- bis 25jährigen. Kleidung, Haartracht und Umgangsformen stehen nicht selten in direktem Kontrast zu den von den älteren Jahrgängen getragenen und als selbstverständlich angenommen. Die Methoden der Wissensvermittlung, des Lernens, des Studierens an Schulen und Hochschulen gelten für zahlreiche Jugendliche als veraltet, überholt, rückständig. Die vorgeschlagenen neuen Formen und Methoden sind nicht selten ungewöhnlich zeitraubend, umständlich; sie beanspruchen die Lehrenden in einem bisher nicht gekannten Ausmaß, ohne daß die Effizienz, die Leistungen und Ergebnisse dadurch steigen würden.

Das rebellierende, protestierende und demonstrierende Verhalten mancher Jugendlicher ist nicht nur in Tonart und Formen verletzend, entwürdigend

[14] *S. Freud,* Gesammelte Werke, London 1947 ff., bes. Bd. 11: Vorlesungen zur Einführung in die Psychoanalyse, 1948, Bd. 15: Neue Folge der Vorlesungen zur Einführung in die Psychoanalyse, 1949; *C. G. Jung,* Gestalten des Unbewußten, Zürich 1950; *ders.,* Die Beziehungen zwischen dem Ich und dem Unbewußten, Zürich 1950; *H. Schultz-Hencke,* Der gehemmte Mensch; *W. Heinen,* Aufbruch des Unbewußten, in: *ders.,* Begründung, 49–72.

und herausfordernd; es mutet im sprachlichen, mimischen und pantomimischen Ausdruck banal, trivial, primitiv, infantil an. Die Kontraste zwischen Lebensalter, Bildungsniveau und Ausdruck oder Darstellung sind derartig eklatant, daß Eltern und die Älteren nicht selten schockiert sind, was wahrscheinlich intendiert oder unbewußt erstrebt wurde. Wenn die Eltern und die Älteren so hoffnungslos veraltet und überholt sind, warum machen die Jugendlichen sich die Mühe, sie zu schockieren, zu beleidigen und sie in ihrem Sein und in ihrer Leistung so drastisch herabzuwürdigen? Mit dem »Rachenehmen für Vorenthaltenes und für schuldig gebliebene Reifungshilfe« sind diese Phänomene nicht ausreichend erklärt. Auch die bekannte »Haßliebe« genügt zu einer Motivierung nicht. In Ursprung und Finalität dieser Phänomene muß noch anderes gefragt und gefordert sein. Wie sollen Eltern und Erzieher das herausfinden?[15]

3. *Das indirekte Fragen und Fordern Jugendlicher*

Bereits für das Kindesalter wurde die Bedeutung und Unentbehrlichkeit dieses indirekten Fragens und Forderns erkannt. Als Ursprung wurde das Unbewußte, der »Schatten« (C. G. Jung) der menschlichen Person genannt. Wenn das Kind überwiegend aus dem Unbewußten lebt, gesteuert wird, so kann man auf keinen Fall das indirekte – d. h. aus dem Unbewußten produzierte und gesteuerte – Fragen und Fordern für das Kindesalter reservieren und es dem Jugendlichen oder Erwachsenen als »infantil« anrechnen. Die starke Zunahme des indirekten, symbolgesättigten Fragens und Nachforderns in den letzten 40–50 Jahren, speziell seit Ende des Zweiten Weltkrieges, ist eine Notstandsäußerung und Rettungsmaßnahme des seit einigen Jahrzehnten eindeutig aufbrechenden Unbewußten. In einer vom Bewußtsein und dem Wollen bestimmten technisierten Gesellschaft, in der die täglich wachsende Apparatur die menschlichen Kontakte erschwert oder verhindert, sind die Urbedürfnisse, die zugleich Urfähigkeiten des Menschen in seinen sozialen Relationen sind Vertrauen, Erwartung, Verheißung, Eros, Liebe, Agape, Glauben, Gehorsam, Leid, Krankheit, Sterben auf das höchste gefährdet. Diese Gefährdung und Bedrohung wird vom Unbewußten – dem Mutterschoß und Gegenpol der bewußten Person – signalisiert, und das beharrlich und präzise.[16]

[15] *A. Mitscherlich,* Auf dem Wege zur vaterlosen Gesellschaft, München 1968; *L. Prohaska* (Hg.), Pädagogik der Reife, Freiburg 1966; *ders.* (Hg.), Kind und Jugendlicher der Gegenwart, Wien 1956; *ders.* (Hg.), Erziehung angesichts der technischen Entwicklung, Wien 1965; *A. Vetter,* Das Strukturbild der Familie in anthropologischer Sicht, in: Jb. d. Inst. f. christl. Gesellschaftslehre, Bd V, Münster 1964, 7–20.

[16] *W. Heinen, J. Schreiner* (Hgg.), Erwartung – Verheißung – Erfüllung, Würzburg 1969; *A. Vetter,* Personale Anthropologie; *J. Rudin,* Psychotherapie und

Das schockierende, rebellierende oder demonstrierende Verhalten Jugendlicher signalisiert nicht nur die eigene Werdenot, sondern auch das Bedrohtsein der älteren Jahrgänge in den genannten Urbedürfnissen. Unverkennbar sind die schockierenden, oft schwer verständlichen Forderungen jugendlicher Einfälle aus dem Unbewußten, das neben den konstruktiven, aufbauenden auch destruktive, zerstörende Tendenzen noch ungeschieden in sich birgt. Aufgabe dieses Zeitalters des aufbrechenden Unbewußten scheint es zu sein, die konstruktiven Einfälle zu sondern von den destruktiven, die positiven Kräfte des Unbewußten in Schutz und Pflege zu nehmen gegen alle störenden und zerstörenden Tendenzen. Politische Ziele durch Revolution zu erzwingen, den Dienst des katholischen Priesters von der Zölibatsverpflichtung zu trennen und für die Frau zugänglich zu machen (s. Holländisches Pastoralkonzil) sind zwei aufschlußreiche Beispiele für die ambitendenziöse Wirkung des Unbewußten.[17]

Vordergründig betrachtet, sind das schockierende Forderungen. Auf ihren symbolischen Forderungsgehalt befragt, wird hier nach den gültigen und wirksamen paternalen Vorbildern und Forderungen gefragt, und zwar insistierend, bedrohlich urgierend. Die psychische Ablösung des Priesters von der Mutter[18], seine Aussöhnung mit der Frau (Schwester, Partnerin, Tochter) soll durch die Zulassung der Frau zum Priesteramt erreicht werden – nach Meinung der Reformer, die eine paternale Wegweisung und Hilfe seitens ihrer Bischöfe offenbar vergebens eingeklagt, aber nicht erzwungen haben. Warum die Bischöfe der Niederlande den implizierten Notruf ihrer Priester nach psychischer »Entbindungshilfe« nicht verstanden und darum nicht adäquat beantwortet haben, zeigt deutlich genug die weitverbreitete Krise des Paternalen in der römisch-katholischen Kirche an. Wahrscheinlich soll die Unklarheit um Sendung, Amt und Dienst des Priesters dazu beitragen, die schon länger dauernde Ehekrise anthropologisch zu verdeutlichen.

4. *Sind Eltern und Erzieher überfragt und überfordert?*

Wenn diese Frage generell bejaht werden müßte, so wären die Verantwortlichen dadurch weithin entlastet, jedoch aus der Verantwortung für die Kinder und Jugendlichen nicht entlassen. Zudem ist den Jugendlichen

Religion, Freiburg ²1964; *ders.* (Hg.), Neurose und Religion. Krankheitsbilder und ihre Problematik, Freiburg 1964.

[17] Vgl. Meldungen, Kommentare und Dokumentation der HerKorr 24 (1970) 55–58; 79 f, 97–102, 128–139; *E. Kleine,* Holland – Kirche contra Rom? Bericht eines Aufbruchs, Essen 1967.

[18] *J. Crottogini,* Werden und Krise des Priesterberufes, Einsiedeln 1955; *K. G. Rey,* Das Mutterbild des Priesters. Eine Psychologie des Priesterberufes, Einsiedeln 1969.

mit der Entlastung oder Freisprechung der Eltern nicht geholfen. Das *Ziel* direkten oder indirekten obsedierenden Fragens und Forderns ist in allen Fällen eine *personale* Hilfe, die durch keine sachliche Zuwendung substituiert oder kompensiert werden kann. Sowenig durch eine wissenschaftliche Promotion ein gestörter oder retardierter Reifungsprozeß entstört, gefördert oder ersetzt werden kann, so unmöglich ist, die unentbehrliche Reifungshilfe seitens der Eltern und der Geschwister durch sachliche Güter oder durch Belehrung und Studium zu ersetzen. Was von den Eltern der nachfordernden Jugendlichen gilt, muß auch von der Mehrzahl der Erzieher und der Lehrenden in allen Schularten gesagt werden. Lehrmeister und Meisterinnen befinden sich mit ihren Lehrlingen in ähnlicher Situation der permanenten Mißverständnisse und der wechselseitigen Enttäuschung (Frustrierung). Wenn schon die Jugendlichen ihre unbewußten Erwartungen nicht für die Eltern und Erwachsenen verständlich machen können und diese die larvierten Fragen und Forderungen nicht verstehen oder erfüllen können, so sollten zwischen beiden Gruppen Dolmetscher oder Interpreten tätig werden, die der Sprache und Ausdrucksformen »mächtig« oder kundig sind. Zudem geht es nicht allein um die Jugendlichen und ihren Reifungsprozeß. Die Eltern, in der Regel nach 1920 geboren, haben noch einen Anspruch auf Wiedergutmachung dessen, was man ihnen zwischen 1933 und 1945 schuldig geblieben ist oder ihnen in ihrem Entfaltungsprozeß zerstört hat. Sind diese Versäumnisse nachzuholen, diese Schäden zu heilen?

Ein fundamental gestörter Reifungsprozeß ist nicht völlig zu sanieren, aber eine rehabilitatio, d. h. die Behebung schwerer Schäden, ist nicht selten zu erreichen. Wenn die Eltern und Erzieher bereit sind, in ihren Kindern und in ihren Schülern, also in den suchenden, fragenden, fordernden Jugendlichen, ihren eigenen Reifungsrückstand zu erkennen, zu bejahen und anzunehmen, so wäre beiden Seiten damit gedient. Die schwache Ehe der Eltern könnte durch ein solches Sichannehmen neuen Antrieb und Auftrieb bekommen. Eine reifende, gelingende Ehe der Eltern wäre die beste Reifungshilfe für die nachfordernden Söhne und Töchter, die auf das Gelingen der Elternehe noch mehr angewiesen sind als die Eltern selbst, die sich durch Kriegs- und Notzeiten auf Ersatz und Kompensation eingestellt und schließlich damit abgefunden haben. Die anfängliche Überforderung der Eltern und Erzieher könnte sich in eine Sanierung des eigenen Werdeprozesses verwandeln.

5. Eltern, Lehrer, Seelsorger in dem Aufbruch des Unbewußten

In dem Suchen nach den Ursprüngen der Ratlosigkeit bei den Eltern und Erziehern wurde das personale Unbewußte als die gegenwärtig äußerst wirksame Instanz entdeckt. Wie ist den Eltern, Lehrern, Seelsorgern die

Realität dieser personal-sozialen Wirkmacht zu erklären und glaubhaft-annehmbar zu machen?[19] Unwiderlegbare Beweise für die Teilhabe des Unbewußten an den familiären und gesellschaftlichen Lebensprozessen sind schwer zu erbringen, wenn man an die Existenz des Unbewußten nicht glaubt. Wenn das Verhalten der Kinder und der Jugendlichen nur zu verstehen ist, wenn man Existenz und Wirkweisen des Unbewußten annimmt und genauer kennt, dann kann in dieser Zeit nicht davon abgesehen werden. Das würde bedeuten, daß den Verantwortlichen in Familie, Staat und Kirche der Zugang zu diesen Erkenntnissen vermittelt werden sollte. Der Widerstand gegen diese Vermittlung ist in allen Altersstufen groß. Die Gründe für diesen psychischen Widerstand gegen Anerkennung und Erforschung des Unbewußten sind mannigfaltig und können in diesem Zusammenhang nicht näher dargelegt werden.[20] Einer der Hauptgründe ist die weitverbreitete, durch Vorurteile verstärkte Furcht vor dem Sicherkennen, Sichannehmen und Sichwandeln. Jedes Sichwandeln verlangt den Einsatz der ganzen Person; davor scheut eine große Zahl der Eltern, Lehrer und Seelsorger zurück, weil man fürchtet, zu sehr in Dienst und Anspruch genommen zu werden und dabei das bereits Gewonnene zu verlieren. Den Jahrgängen der Großeltern (50–75) ist der Aufbruch des Unbewußten, seine Bild- und Symbolsprache nur in seltenen Fällen zu erklären, weil ihnen Elastizität und Aufnahmefähigkeit weithin fehlen, da die dazu erforderliche Intuition nicht entfaltet worden ist in einem Bildungsgang, der Intellekt und Wollen einseitig gefördert, das intuierende Erkennen vernachlässigt hat.[21]

Zu diesen Generationen der 50- bis 75jährigen gehören die Frauen und Männer der bestimmenden Führungsgremien in Bildung, Politik, Wirtschaft und kirchlichem Leben.

Die Generationen der Eltern (25–50) haben den Aufbruch des Unbewußten miterlebt als Kinder, Jugendliche und Erwachsene, ohne zu verstehen, was in diesem Aufbruch geschieht, was man ihnen in Elternhaus, Schule und Kirche an Reifungshilfe schuldig geblieben ist. Manche erwarten heute

[19] *J. Goldbrunner,* Personale Seelsorge. Tiefenpsychologie und Seelsorge, Freiburg 1955; *ders.,* Realisation. Anthropologie in Seelsorge und Erziehung, Freiburg 1966; *G. Griesl,* Berufung und Lebensform des Priesters, München 1967; *H. Stenger,* Wissenschaft und Zeugnis. Die Ausbildung des katholischen Seelsorgeklerus in psychologischer Sicht, Salzburg 1961; *R. Hostie,* Kriterien geistlicher Berufung, Salzburg 1964.

[20] *E. Grünewald,* Die personale Projektion. Eine Einführung in die Analyse projektiver seelischer Vorgänge, München 1962; *W. Heinen,* Sünde wider die Gnade oder projektiver Widerstand?, in: *ders.,* Begründung, 165–173.

[21] *C. G. Jung,* Der Mensch und seine Symbole, Olten 1968; *ders.,* Über die Psychologie des Unbewußten, Zürich 1948; *ders.,* Von den Wurzeln des Bewußtseins, Zürich 1954; *W. Heinen* (Hg.), Bild, Wort, Symbol in der Theologie, Würzburg 1968.

noch »Nachhilfe« oder »Lebenshilfe« von der staatlich geförderten »Erwachsenenbildung« oder auch von den Kirchen. Bei den Institutionen will es noch nicht recht gelingen, den Aufbruch des Unbewußten aufzufangen, die Bild- und Symbolsprache des Unbewußten zu verstehen und zu lehren. Die genannten Jahrgänge der Eltern sind psychisch und geistig noch in der Lage, ihre eigene Lebensgeschichte in den Blick zu nehmen, retrospektiv zu integrieren (zu orten), was bisher unverarbeitet, ungeortet geblieben ist. Prospektiv können sie ermessen, was aus ihnen in einem ausgesöhnten Leben mit ihren Kindern werden kann. Diese Selbstüberprüfung und Neuorientierung in Ehe- und Berufsleben gelingen generell nicht ohne spezielle Hilfen durch menschenkundige Ärzte, Seelsorger und Lehrer.[22]
Ärzte, Seelsorger, Lehrer sind weder durch ihr Elternhaus noch in ihrer Ausbildung für diesen Aufbruch des Unbewußten orientiert und sehr selten gerüstet worden. Darum neigt man in diesen Kreisen entweder zur Blickabwendung und Bagatellisierung oder zur Fehllokalisierung und Fehldeutung der Aufbruchs-Phänomene. Manche glauben durch ein allgemein gehaltenes Sichbekennen zu dem werdenden und reifenden Menschen oder noch unverbindlicher zu dem »Humanum« den Anforderungen zu genügen. Mit solchen Methoden wird man den Fragen und Nachforderungen weder der Erwachsenen noch der Jugendlichen gerecht. Der vermeintliche Ausweg aus dem persönlichen Reifungsdilemma in eine frühzeitig geschlossene Ehe hat sich in zahlreichen Fällen als Irrtum erwiesen, wie manche Scheidung die erwartete innere Freiheit nicht gebracht hat, weil jede mythisch-magische Erwartung an die Ehe scheitern muß. Die seit einigen Jahren zunehmenden Bemühungen um »Gruppendynamik«, »Sensivitiy Training«, »Gruppentherapie« lassen erwarten, daß die positive Einstellung zum Unbewußten in der Bundesrepublik Deutschland an Boden gewinnt. Die Vorbereitung auf das Gelingen der Ehe und auf den ehefreien priesterlichen Dienst, der heute aus mangelnder Menschenkenntnis und aus verkümmertem Glauben und Lieben nicht geschätzt wird, dürften mit Sicherheit am ersten und in tiefreichendem Ausmaß aus diesen Bemühungen Hilfe und Ermutigung gewinnen. Theologen und Hierarchen, Priester und Bischöfe könnten dann erkennen, daß Gottes Kommen zu der Mitte des menschlichen Herzens in dieser Zeit weit mehr durch das Unbewußte führte als über das Bewußtsein, in dem der Mensch von seinem Können und Schaffen besessen war.

[22] *M. Balint*, Der Arzt, sein Patient und die Krankheit, Stuttgart 1957; *T. Brocher*, Gruppendynamik und Erwachsenenbildung, Braunschweig 1967; *J. A. Caruso*, Psychoanalyse und Synthese der Existenz, Freiburg 1952.

III. Gibt es ein solidarisches Lösen der Rätsel und ein befriedigendes Erfüllen der Forderungen?

Wenn der Mensch lebenslänglich fragt, forscht und sucht, wenn bisher erkannt wurde, daß Kinder und Jugendliche besonders indirekt durch ihr Verhalten nachdrücklich fragen und fordern, so muß geklärt werden, wie die Rätsel, die Jugendliche und Erwachsene sind oder aufgeben, zu lösen, wie die berechtigten indirekten Nachforderungen zu erfüllen sind. Drei Wege sollen hier kurz skizziert werden, auf denen in gemeinsamen Bemühungen der verschiedenen Generationen die anstehenden Aufgaben angegangen werden können:

1. *Das Hinsehen und Hinhören in Geduld und Beharrlichkeit.*
2. *Das gemeinsame Erlernen der Bild- und Symbolsprache.*
3. *Die Aussöhnung mit den Beziehungspersonen.*

Diese drei Wege verlaufen nicht parallel oder nacheinander, sondern ineinander und miteinander, wie psychisches, somatisches und geistiges Leben integriert, ineinander verwoben sind.[23]

1. Hinsehen und Hinhören in Geduld auf die Wirklichkeit

Neben dem Tastsinn mit den beiden Ausgliederungen Geruch und Geschmack verfügt der Mensch über die beiden Fernsinne: Sehen und Hören. Das Einüben dieser beiden psychophysischen Potenzen in allen Lebensstadien erfordert erheblichen Zeitaufwand. Er wird erleichtert durch die zahlreichen Apparaturen, die ein intensiv und extensiv verfeinertes Schauen und Horchen ermöglichen. Entscheidend bleibt jedoch der Mensch mit seiner Aufmerksamkeit, seiner Verarbeitung und Auswertung der optischen und akustischen Eindrücke und seiner Merkfähigkeit. Die Kombination von emotional gesteuerter Intuition und der intellektuell-deduktiven Erkenntnis ermöglicht ein Erfassen und Verstehen der Wirklichkeit in Gestalt der Daten, Fakten und Vorgänge im Leben des einzelnen, das stets in zahlreichen Relationen zu Personen und zu den anderen Geschöpfen des Kosmos sich allmählich entwickelt und entfaltet. Um die zahlreichen Rätsel in Verhalten und Forderungen Jugendlicher und Erwachsener verstehen und mit ihnen lösen zu können, bedarf es dieses gekonnten Hinschauens und Hinhorchens. Intensives Schauen und Horchen auf die oft fremd oder primitiv anmutenden Ausdrucksformen und Verlautbarungen Jugendlicher erfordern Zeit, Geduld und Beharrlichkeit. Die Erfahrung

[23] *Ph. Lersch,* Aufbau der Person, München ^{9}1964; *H. Remplein,* Die seelische Entwicklung des Menschen im Kindes- und Jugendalter, München ^{15}1967.

der letzten 25 Jahre hat gezeigt, daß Kinder und Jugendliche von ihren Eltern und Lehrern nichts mehr, d. h. in größerer Quantität erwarten und fordern als – *Zeit*, d. h. Zeit für sie, sei es zum Spielen, Erzählen, gemeinsamem Erleben in Natur, Sport, vor allem daheim, sofern die Eltern in echtem ehelichen Einvernehmen leben. Ungezählte Jugendliche, studierende und berufstätige, lesen an der Uhr, d. h. am Zeitmesser ab, was sie Eltern und Lehrern »wert« sind. Raum als die andere Grundkategorie menschlichen Lebens ist ihnen auch wichtig – als Wohn-, Spiel-, Bewegungsraum. Der Zeitraum für ein Spiel oder ein Märchen (bei Kindern), für ein Gespräch oder für einen Bericht aus dem eigenen Leben (bei Jugendlichen), für ein beratendes Gespräch – bei Erwachsenen – besonders mit Einsamen und Alleinstehenden ist das in einer »überbeschäftigten« Gesellschaft am häufigsten gesuchte Geschenk. Beratungsstellen mit Menschen, die außer treffenden Lebenskenntnissen Zeit haben, sind sehr gesucht und nicht selten für Monate »ausgebucht«. Warum sind Jugendliche so auf die Zeit und die Geduld des Eltern, Lehrer und Seelsorger aus? Weil sie in der ihnen geschenkten Zeit, in der mit ihnen aufgebrachten Geduld das persönlichste Zeichen für die Bejahung ihrer werdenden, reifenden Person sehen. Wenn Nahrung und Kleidung von seiten der Mutter ihnen sagen: Ich will, daß du bist und lebst, so sagen ihnen die Zeit und die Geduld, die der Vater, Lehrer oder Seelsorger für sie aufbringen: Ich will, daß du wirst, der du werden kannst und sollst. Jede Lebenshilfe, die von dieser Urerfahrung ausgeht (in Schule, Berufsausbildung, Krankheit, Strafvollzug), kann durchgehend von guten Erfolgen in Reifungs- und Resozialisierungsprozessen berichten. In diesem Sinne sind das zeitlich gut bemessene Hinschauen und Hinhorchen ein paternaler Hilfs- und Heilfaktor erster Ordnung.

2. *Das gemeinsame Erlernen der Bild- und Symbol-Sprache*

Die Sprache ist in ihren Ursprüngen *maternal*, als Ausdruck wissenschaftlicher Forschung, technischer Entwicklung vorwiegend paternal-väterlich, männlich. In allen bekannten Völkern spricht man von der *Mutter*sprache, in zahlreichen jedoch vom *Vater*land. Da das Leben des Kindes mit Tastempfindungen und Bildsehen anhebt, so sind die Anfänge des kindlichen Sprechenlernens bilderreich. Selbst die Begriffssprache hat ihren Bildhintergrund, ohne den sie ihren Zeichencharakter und Aussagegehalt einbüßen würde.

Das Verhalten der Jugendlichen scheint auf den ersten Blick vom Wort und Begriff bestimmt zu sein. Wo immer es in Aktion und Reaktion übergeht, ist es bildreich und symbolgesättigt. Dieser Bild- und Symbolreichtum, der unverkennbar aus dem Unbewußten der Jugendlichen stammt, manifestieren für den psychologisch geschulten Kenner in den meisten

Fällen die Reifungsprobleme der einzelnen, die auf Lösung, auf persönliche Reifungs- oder Lebenshilfe drängen. Je stärker jugendliches Aufbegehren und Demonstrieren auf politisch-strukturelle oder soziale *Änderungen* insistierten, desto sicherer sind echte *Wandlungen* in den menschlichen Begegnungen und durch personale Relationen in Familie, Berufsbereich und Gesellschaft intendiert, gefordert.[24] Diesen Tatbestand gilt es durch Erforschen und Hinterfragen der Vordergrundphänomene zu ermitteln. Wie können Eltern, Lehrer, Seelsorger zusammen mit den Jugendlichen das Hinterfragen, das *Ergründen* der Bild- und Symbolgehalte jugendlichen Verhaltens lernen?[25] Warum sind die Einfälle, Fragen und Forderungen der Kinder und Jugendlichen bildhaft, larviert, eingekleidete Symbole? Die Eigenart des Unbewußten zeigt sich in der Tatsache, daß es überwiegend bildert und symbolisiert, selten verbalisiert. Warum müssen Eltern und Erwachsene nun diese Bild- und Symbolsprache noch oder wieder lernen? Wem zuliebe? Nicht nur um schwierige Kinder und jugendliches Fehlverhalten verstehen zu können, vielmehr auch, um das eigene Werden und Reifen zu fördern, um die eigene Ehe, ihr Vertrauen, Hoffen, Glauben und Lieben gelingen zu lassen. Der weltweite Konflikt der Generationen und Völker spitzt sich zu oder kulminiert heute in dieser Frage, ob wir bereit sind, diese Symbol- oder Universalsprache aller Menschen zu erlernen, um dadurch einander besser zu verstehen und anzunehmen. Diese Symbolsprache lernt man durch Sehen, Schauen, Intuieren, durch Hören, Horchen, Vernehmen, kurz durch *Innewerden.* Alles Sein, Werden, Geschehen, Agieren, Reagieren haben Nutzeffekt, Spielwert und Symbolgehalt. In unserer Gesellschaft sind Erwachsene vornehmlich auf Nutzeffekt eingestellt, infolge der Erziehung und Ausbildung. Der Spielwert, der dem Kindes- und Jugendalter zugebilligt wird, ist die Mittel- oder Brückenhilfe zwischen Nutzungsstreben und Symbolverstehen. Das Spielen, das von der Mehrheit im Sportbereich passiv erlebt wird, könnte in anderen Formen Eltern mit Söhnen und Töchtern verbinden, aussöhnen. – Überdies läßt das Symbol-Intuieren den Hintergrund des Lebens und des gegenwärtigen »Zeitgeschehens« verstehen; es entdeckt den Sinn dieses Lebens und befähigt für das religiöse Leben im Sinn der christlichen Botschaft von dem *Liebesbund Gottes* mit seinen Abbildern und *Kindern* – den Menschen. Dieser Bund, auf mannigfache Weise offenbart, am persön-

[24] *J. H. v. d. Berg,* Metabletica. Über die Wandlung des Menschen, Göttingen 1960; *W. Bitter* (Hg.), Die Wandlung des Menschen in Seelsorge und Psychotherapie, Göttingen 1956.

[25] *R. Battegay,* Der Mensch in der Gruppe. 1. Sozialpsychologische und dynamische Aspekte. 2. Allgemeine und spezielle gruppenpsychotherapeutische Aspekte, Bern 1967 f.; *ders.* u. a. (Hgg.), Gruppenpsychotherapie und Gruppendynamik. Ergebnisse und Berichte, Göttingen 1968, 2 Bd.; *K. Höck* (Hg.), Gruppenpsychotherapie in Klinik und Praxis, Jena 1967.

lichsten in Jesus Christus, wird durch Symbol-Innewerden im Glauben angenommen und in der Liebe gelebt.[26] Weil ohne Symbolfähigkeit Glauben, Hoffen und Lieben menschlich und christlich nicht gelingen, werden die miteinander verstrittenen Generationen und Völker, nicht zuletzt durch das rätselhafte Verhalten von Kindern und Jugendlichen aufgefordert, stellenweise gezwungen, die Sprache der Bilder und Symbole noch oder wieder zu erlernen.

3. Die Aussöhnung mit den Beziehungspersonen

Was ist mit Aussöhnung in diesem Zusammenhang gemeint? Wer sind die Beziehungspersonen, mit denen die Aussöhnung geschehen soll?[27] Die für jeden Menschen ersten und unentbehrlichen Personen in seinem Leben sind die Eltern und die Geschwister, also die Angehörigen in der Ursprungsfamilie. Warum muß jeder Mensch mit diesen Grundgestalten in gutem Kontakt, d. h. ausgesöhnt leben? Wenn man weiß, wie viele Ehen zwar besten Glaubens und guten Willens zivilrechtlich und kirchlich geschlossen werden, menschlich (von der Personmitte = Herz) jedoch nicht zustande kommen, weil einer der Partner oder beide noch an ihre Eltern, speziell an die Mutter psychisch gebunden (fixiert) sind, dann versteht man, daß, gemessen an der Zahl der jährlichen Eheschließungen in der Bundesrepublik Deutschland, 13 Prozent geschieden werden. Der überwiegende Teil dieser Ehen ist trotz formalrechtlicher Vollständigkeit, trotz Glauben an den sakramentalen Bund menschlich nicht zustande gekommen wegen der erwähnten inneren Unfreiheit, die eine nachweisbare Folge der Eltern-Kind-Fixierung in den verschiedenen Formen und Intensitäten ist. Solche Scheidungen sind, genau gesehen, »Nichtigkeitsfeststellungen«. Bisher gelten weder im zivilen Recht noch im kanonischen Recht der Kirche Eltern-Kind-Fixierungen als aufschiebende oder trennende Ehehindernisse. Ein anderer, erheblicher Teil der formal gültig geschlossenen Ehen leidet an denselben Mängeln und Hindernissen; sie werden aus konventionellen Gründen weder geschieden noch getrennt, sind aber innerlich mehr oder weniger schwer und dauerhaft verstritten, ohne daß die wahren Ursprünge den Partnern bekannt sind.[28]

Die Kinder aus den geschiedenen oder in den erstarrten, versandeten oder nicht gelungenen Ehen leiden unter der Liebesarmut oder Lieblosigkeit

[26] *J. Schreiner* (Hg.), Wort und Botschaft, Würzburg 1968; *W. Heinen,* Liebe als sittliche Grundkraft und ihre Fehlformen, Freiburg ³1968.

[27] *A. Vetter,* Wirklichkeit des Menschlichen, 1–49; *W. Heinen,* Werden und Reifen des Menschen, 111–170.

[28] *A. Beckel* (Hg.), Ehe im Umbruch, Münster 1969; *L. M. Weber,* Ehenot – Ehegnade, Freiburg 1965; *T. Bovet,* Ehekunde, Bd. 1 und 2, Tübingen 1961 f.; *Fr. Frh. v. Gagern,* Eheliche Partnerschaft, München ⁹1967.

ihrer Eltern. Sie werden schwierig, aufsässig, erkranken oder signalisieren die Ehenot ihrer Eltern und die daraus entstehende eigene Reifungsnot durch Leistungsausfall, Unfall oder durch Delikte, Vergehen, Suicidversuche.

Das heimliche oder offene Verstrittensein der Eltern überträgt sich auf die Kinder, die zu dem Gelingen ihres eigenen Reifungsprozesses primär und unerläßlich auf das Gelingen und Reifen der Elternehe angewiesen sind.

Es ist das hohe Verdienst, die unverkennbare Leistung von Herbert Doms, die unersetzliche Bedeutung der Liebe in der herkömmlichen Lehre von den Ehezwecken (Fineslehre) bereits 1935 in seinem biologisch und theologisch vortrefflich begründeten Werk »Vom Sinn und Zweck der Ehe« überzeugend dargelegt zu haben. Seine später veröffentlichten Arbeiten zu dem von allen Disziplinen der Wissenschaft umfragten und erforschten Thema »Ehe und Familie« haben seinen ersten Ansatz noch überzeugender begründet, ausgeweitet und akzeptabel gemacht.[29] Die Ehelehre des Zweiten Vatikanums hat die eheliche Liebe und die Zeugung von Kindern als die zwei gleichwertigen Sinngehalte der Ehe eindeutig bestätigt.[30]

Die Eltern sind für die Kinder die ersten und wichtigsten Grundgestalten, an denen sie die Urfähigkeiten absehen, einüben oder versäumen: Vertrauen, Hoffen, Lieben, Gehorchen, Glauben. Solange ein Mensch lebt, ist er bewußt oder unbewußt auf die Aussöhnung mit, d. h. zugleich Ablösung von seinen Eltern bedacht. Aussöhnung und Ablösung bedingen und fördern sich wechselseitig. Das Leben mit Brüdern und Schwestern kann eine spürbare Hilfe, allerdings auch zum Hindernis in diesem entscheidenden Aussöhnungsprozeß werden. Die menschliche Eignung und Reife für die beiden gleichwertigen humanen Lebensformen »Ehe und Ehelosigkeit« (Freiheit von Ehe in zölibatärem und jungfräulichem Dienst) fordern als Bedingung und als lebenslange Aufgabe die Aussöhnung mit den vier Grundgestalten der Ursprungsfamilie: Mutter, Vater, Schwester und Bruder.

Das Gelingen der Ehe und des ehefreien Lebens, die Aussöhnung mit Mann und Frau, mit Sohn und Tochter als Grundgestalten basieren auf der Aussöhnung mit der Ursprungsfamilie, radizieren in der Bejahung des Mannes und der Frau – in ehelicher und ehefreier Zuordnung, in dem Annehmen und Freigeben der Söhne und Töchter, ob es sich um die eigenen oder um die stellvertretend pro tempore »adoptierten« handelt.

Aus diesen skizzierten Andeutungen, die sich täglich in unserer Gesellschaft, in Familie und im Berufsleben nachweisen und beweisen lassen, wird

[29] *H. Doms*, Dies Geheimnis ist groß, Köln 1960; *ders.*, Gatteneinheit und Nachkommenschaft, Mainz 1965.

[30] Dogm. Konst. über die Kirche (Lumen gentium) Nr. 41; Pastoralkonstit. über die Kirche in der Welt von heute (Gaudium et spes) Nr. 48, 49, 50, 51, 87.

ersichtlich, wie mannigfaltig das Verstrittensein latent und manifest bestehen kann. Die in allen akuten Fällen gestellte Frage lautet: Genügt das Erkennen, hilft das Anerkennen des unbewußten Verstrittenseins zu der unentbehrlichen Aussöhnung, oder sind noch andere Hilfen erforderlich? Die Erfahrungen menschenkundiger Ärzte, Psychologen und Seelsorger haben zu der Erkenntnis geführt, daß weder ärztliche oder psychotherapeutische Hilfe *allein* eine allseitige und durchhaltende Aussöhnung erreichen, noch exklusiv seelsorgliche-religiöse Bemühungen die aussöhnende Reifungshilfe vermitteln können, sondern nur das einträchtige *Zusammenwirken* von psychologisch geschulten Ärzten, Therapeuten, Erziehern und Seelsorgern (Priestern) diesen weltweiten und differenzierten Aufgaben der Befriedigung durch Aussöhnung gewachsen sein wird.

Neurose und Protest

Die Zuordnung von Neurose und Protest ist dem Psychologen geläufig, im Bewußtsein der übrigen Mitglieder unserer Gesellschaft entweder verdächtig oder verpönt. *Protest* oder Protestieren – als Einspruch, Widerspruch oder als Bekenntnis verstanden – sind nicht nur anerkannt und fleißig geübt, sie werden als zum Wesen und Werden des Menschen gehörend proklamiert, legitimiert und in jeder Hinsicht gefördert. Von Neurose kennt ein größerer Teil unserer Gesellschaft nur das *Wort,* ohne damit einen Sinngehalt zu verbinden; ein anderer Teil weiß, daß eine Krankheit damit bezeichnet wird, die sich jedoch schwer beschreiben läßt. Eine dritte Gruppe weiß, daß es ungehörig und verpönt ist, an Neurose erkrankt zu sein oder »eine Neurose zu haben«; sie meinen, daß man sich vor Neurose hüten und vor Neurotikern in acht nehmen muß.[1] Eine vierte Gruppe weiß, daß Neurose wohl eine ernst zu nehmende, aber keine schändliche Erkrankung ist, von der man jedoch nur schwer geheilt werden kann, weil es zuwenig menschenkundige Ärzte für Neurosenbehandlung in unserer Wohlstandsgesellschaft gibt. Eine relativ geringe Zahl von Männern und Frauen, die kaum über zehn Prozent zu schätzen sei, weiß Genaueres über Erscheinungs- oder Ausdrucksformen der Neurose, und eine kleine Zahl von sogenannten Fachleuten kennt ihre Ursprünge und die Mittel oder Wege zur Heilung der Neurosen. Wäre die Zahl der Neurotiker gering oder unbedeutend, so wäre es nicht erforderlich, darüber zu sprechen oder gar zu schreiben. In »Deutsches Wörterbuch«, 1968 von G. Wahrig herausgegeben, findet sich die folgende Beschreibung: »Neurose ist die anlage- und umweltbedingte Neigung, seelische Erlebnisse abnorm und krankhaft zu verarbeiten, was zu einem dauernden körperlichen und seelischen Leidenszustand der Gesamtpersönlichkeit führt.« Diese Umschreibung sagt etwas Allgemeines über die Neurose als »Leidenszustand der Gesamtpersönlichkeit« aus, nicht jedoch genaueres über ihre Ursprünge oder über ihre Heilung. Von einem derartigen Wörterbuch ist das natürlich nicht zu verlangen. Die Literatur zu dem Thema »Neurose« ist in den vergangenen 40 Jahren ungewöhnlich schnell gewachsen. Psychologen, Mediziner, Ärzte und einige Theologen haben sich, in der Regel in einer Fachsprache, mehr oder wenig zutreffend zu dieser heute in allen technisierten Gesellschaften weit verbreiteten Krankheit geäußert.[2]

[1] *H. Müller-Eckhard,* Das unverstandene Kind, Stuttgart ²1954; *Joh. Herzog-Dürck,* Zwischen Angst und Vertrauen, Nürnberg 1953; *F. Schottlaender,* Die Mutter als Schicksal, Stuttgart ⁴1965; *ders.,* Die Welt der Neurose, Köln 1950; *H. Schultz-Hencke,* Der gehemmte Mensch, Stuttgart ³1969.

[2] *E. Speer,* Die Liebesfähigkeit (Kontaktpsychologie), München ⁴1953; *M. Boss,*

I. Der Begriff Neurose wird unterschiedlich gebraucht

Die Mehrzahl der Abhandlungen beschreibt Neurosen als Störungen im individuell-persönlichen Befinden oder Verhalten, als unnormales Agieren und Reagieren eines Menschen in seinem Privatleben (Familie oder Ehe), im Berufsbereich oder in beiden. Eine außergewöhnliche Scheu vor Begegnungen oder eine ungewöhnliche Aufdringlichkeit im Umgang mit Angehörigen, eine herausfordernde Art des Auftretens in der Öffentlichkeit *können* Zeichen (Symptom) einer Neurose sein. Übereinstimmung besteht bei den Kennern des neurotischen Menschen in der Auffassung, daß der Neurotiker mit sich selbst uneinig, verstritten, unzufrieden, unausgesöhnt ist. Daraus ergibt sich, daß der neurotisch Kranke nicht selten auch mit seinen nächsten Angehörigen, Kollegen oder Vorgesetzten bewußt oder unbewußt verstritten ist, auf Distanz oder auf Kollisionskurs lebt. Nicht selten sind Neurotiker permanent, nicht nur gelegentlich, überkritisch, aufsässig, vergrämt, herausfordernd oder verzagt, kleinmütig, überängstlich, pedantisch, leicht beleidigt. Der wirklich neurotisch Erkrankte ist nicht nur in seinem psychischen »Haushalt« gestört oder unterentwickelt, er ist nicht selten behindert oder gar blockiert in seinen Relationen zu Gott, zur Kirche oder zu allen Institutionen des religiösen und des kirchlichen Lebens.

Von ihren Erscheinungsformen her ließe sich eine ganze Reihe von Neurosen aufzählen, besonders wenn man auf ihre Somatisierungen blickt (Magen, Darm, Leber, Galle, Herz, Lunge, Schilddrüse usw.). Neurosen können sich äußern im Ehe- und Familenleben, im Arbeits- und Berufsbereich (Leistungsausfall, Unverträglichkeit), im Straßenverkehr (Unfall), in Vergehen und Verbrechen, in Suicidversuchen oder im perfekten Suicid. In all diesen möglichen Ausdrucksformen der Neurose ist ein mehr oder weniger deutlicher oder starker *Protest* enthalten und wirksam, mag man diesen Protest als *Bekenntnis*, als *Widerspruch* oder *Widerstand* verstehen. Anruf, Aufruf, Frage oder Forderung sind in gleichem Maße nachweisbar. Manche Neurosen sind mehr Frage, Anruf oder Nachforderung, andere treten stärker als Protest und als Widerstand in Erscheinung. Aus diesen Andeutungen wird bereits deutlich, wie variierend und ausdrucksreich die Neurose ist, was eine genaue Diagnose erschwert.

Ausgehend von den zwei Hauptarten menschlicher Erscheinung oder personaler Typen werden auch zwei Hauptkategorien von Neurosen unter-

Psychoanalyse und Daseinsanalytik, Bern 1957; *J. H. van den Berg*, Metabletica, Göttingen 1960; *F. Schottlaender*, Das Ich und seine Welt, Stuttgart 1960; *Joh. Herzog-Dürck*, Menschsein als Wagnis, Stuttgart 1960; *J. Rudin* (Hg.), Neurose und Religion. Krankheitsbilder und ihre Problematik, Olten 1964; *G. Condrau*, Angst und Schuld als Grundprobleme der Psychotherapie, Bern 1962; *W. Heinen*, Liebe als sittliche Grundkraft und ihre Fehlformen, Freiburg [3]1968.

schieden. E. Kretschmer[3] unterscheidet den leptosomen Typus oder schmalwüchsigen Menschen mit dem schizothymen oder nach innen gewendeten Charakter (nach C. G. Jung der introvertierte Typ) von dem zyklothymen Charakter in dem rundwüchsigen Menschentypus, der primär zur Außenwelt gewendet ist. Den Zwischentyp des Athletikers mit dem »viskösen Temperament« kennzeichnet Kretschmer als den Typus mit der »Doppelseele«, der abwechselnd mehr nach außen, dann wieder mehr nach innen gewendet lebt.

Dem schizothymen Charakter mit der nach innen gewendeten Lebenstendenz (introvertiert) würde die Zwangsneurose als Krankheitsform konvenient sein. Dem zyklothymen (extravertierten) Charakter, der psychisch vorwiegend auf die Außenwelt gerichtet ist, würde die *Hysterie* oder die hysteroforme Neurose entsprechen.[4] Der athletische Typus könnte in beiden genannten Formen, also zwangsneurotisch oder hysteroform, seine psychischen Reifungsstörungen darleben, je nachdem für welche dieser Formen die Mitmenschen der konkreten Situation empfänglich oder aufnahmebereit sind. Mitbestimmend wird auch sein, welcher der beiden Eltern dem Menschen dieses Zwischentypus in Kindheit und Jugend psychisch näherstand und zu dem stärker wirkenden Vorbild wurde. Zu dem Bild des Zwangsneurotikers[5] gehört die Kontaktschwäche, die Scheu, öffentlich aufzutreten, betonte Zurückgezogenheit, Exaktheit bis zur Pedanterie, Versponnenheit in überwertigen Ideen, Mangel an Ausgleichsvermögen zwischen extremen Ansichten und Positionen, Mangel an intuitiver Einfühlung, Denken in Alternativen, voluntaristisches Durchsetzungsvermögen bis zur Selbstzerstörung (Suizidgefährdung), extrem schwaches Kommunikationsbedürfnis bis zur totalen Vereinsamung, Prinzipienreiterei, gepaart mit ausgebildeter Intellektualität, aber schwacher Intuition (Einfühlung). Der hysteroforme Neurotiker besitzt eine ausgesprochene Begabung für Kontakt, Kommunikation aus einer stark entwickelten Intuition bei geringerer intellektueller Intelligenz. Die Selbstdarstellung steht im Vordergrund seines Interesses; er ist auf Wirkung und Geltung aus in seinem Agieren und Reagieren. Charakteristisch ist für den Hysteriker die »Panik der Seelenmitte« (E. Michel)[6], die ihn befähigt, Aufsehen zu erregen und die

[3] *E. Kretschmer*, Körperbau und Charakter, Berlin ²²1955; *C. G. Jung*, Psychologische Typen, Zürich ⁹1960.

[4] *E. Michel*, Zur anthropologischen Deutung der Hysterie, in: Studium generale 3 (1950) 292–303; *L. Klages*, Grundlagen der Charakterkunde, Berlin ¹¹1951; *J. H. Schultz*, Grundfragen der Neurosenlehre, Stuttgart 1950.

[5] *H. Göpfert*, Zwangskrankheit und Depersonalisation, Basel 1960; *H. Nunberg*, Allgemeine Neurosenlehre, Bern ²1959.

[6] *A. Sborowitz, E. Michel* (Hgg.), Der leidende Mensch. Personale Psychotherapie in anthropologischer Sicht, Düsseldorf 1960; *M. Balint*, Der Arzt, sein Patient und die Krankheit, Stuttgart ³1965.

Wirkung zu genießen, ohne je davon »gesättigt« zu werden. Sein »Verbrauch an Menschen« ist schwer zu beschreiben, weil ihm ein echtes Sichengagieren unmöglich ist und daher die Kontakte von kurzer Dauer und geringem Tiefgang sind. Weil er seine Werdenot nicht in persönlichen Begegnungen und Beziehungen lindern oder beheben kann, neigt er zu Somatisierung seiner seelischen Probleme in Erkrankung oder Unfall. Mit Vergehen und Suiciden vermag er leichter zu drohen, als sie auszuführen. Diese kurze Skizzierung bedürfte der genaueren Differenzierung und Nuancierung, was in diesem weitgespannten Thema nicht möglich ist.[7]

II. Ursprünge der Neurosen

Die Frage nach dem Ursprung oder nach den Ursachen der Neurosen wird bei der großen Zahl kooperierender Daten und Fakten mannigfaltig beantwortet. Drei Hauptformen sollten bei jeder Diagnose von neurotischen Erkrankungen berücksichtigt werden:

1. *Die psychosomatische Veranlagung des Kranken.*
2. *Seine Beziehungen zu den acht Grundgestalten.*
3. *Die gestörte Entfaltung der religiösen Anlage.*

Bereits einer der genannten Faktoren kann eine Neurose entstehen lassen, in der Regel wirken alle drei Wirkbereiche im Entstehen und darum auch in der Heilung der Neurosen mit.

1. Die psychosomatische Veranlagung des Kranken

Das von A. Vetter[8] entwickelte Strukturbild der menschlichen Person zeigt die vegetative Urschicht mit Ernährung und Fortpflanzung, darüber die animalische Grundschichte mit dem Eindrucksgeschehen (Sensorium) und dem Antriebsreich (Motorik), korrespondierend zu dem Eindruckspol das geistige Erkennen und zu dem Antriebspol das Wollen. Zwischen der animalische Grundschicht mit dem Eindrucksgeschehen (Sensorium) und dem Antriebsbereich (Motorik). Korrespondierend zu dem Eindruckspol das geistige Erkennen und zu dem Antriebspol das Wollen. Zwischen der animalischen Grundschicht und dem geistigen Erkennen und dem Wollen vermittelt die emotionale Mitte (Gewissen und religio), die getragen wird vom Gemüt und über das Bildbewußtsein (Phantasie) das rational-volun-

[7] *W. Heinen,* Liebe als sittliche Grundkraft, 125–151, 420–430; *V. E. Frankl, V. E. v. Gebsattel, H. Schultz* (Hgg.), Handbuch der Neurosenlehre und Psychotherapie, 5 Bd., München 1957 ff.

[8] *A. Vetter,* Die Person in strukturpsychologischer Sicht, in: *ders.,* Wirklichkeit des Menschlichen, Freiburg 1960, 125–129; *ders.,* Personale Anthropologie, Freiburg 1966.

tative Leben steuert. Je nach dem Vorherrschen der einen oder anderen Disposition im lebenslangen Werdeprozeß des Menschen können psychische oder somatische Störungen auftreten. Das Tier ist in seinem Eindrucks-, Antriebserleben durch den Instinkt gesteuert und darum in dem Naturgeschehen gesichert. Der Mensch als weithin »instinktenthobenes Wesen« bedarf der Steuerung in der Gestaltung seines Lebens durch die Mitte, in der er vertraut, hofft, glaubt, liebt, sich entscheidet. Der von seinen Wünschen und Antrieben beherrschte Erwachsene lebt und reagiert kindlich und steht in der Gefahr, sein seelisches und geistiges Leben zu vernachlässigen. Kontakt und Kommunikation mit den Mitmenschen leiden darunter, so daß er, auf sich gestellt, von der Vereinsamung bedroht ist. Der einseitig geistig Lebende neigt zur Verkennung oder Unterschätzung der bildhaften Eindrücke und der damit verbundenen Antriebe oder Strebungen. Wenn die Mitte nicht ihre integrierende, vermittelnde Funktion ausüben kann, weil Gemüt und Gefühlsleben nicht entfaltet worden sind, so ist nicht nur das geistige Leben eines solchen Menschen gefährdet, sondern seine Kontaktfähigkeit zu Mitmenschen, zur animalen und vegetativen Natur ist auf ein Minimum reduziert. Die Neurose signalisiert rechtzeitig einen derartig lebensgefährlichen Zustand und drängt auf Abhilfe oder Heilung; sie fordert und erzwingt auf verschiedenen Wegen die Wiedereingliederung der desintegrierten Person- und Mitwelt-Bereiche.[9]

2. *Die Beziehungen der Kranken zu den acht Grundgestalten*

Zu dem Reifungsprozeß jedes Menschen gehört unabdingbar das Bestehen oder Leben mit den acht Grundgestalten: Mutter, Vater, Schwester, Bruder, Frau und Mann als Partner, Tochter und Sohn.[10] Diese Gestalten müssen nicht nur in der Ursprungsfamilie ausreichend erlebt werden, sondern auch nach der unerläßlichen Ablösung von den eigenen oder den stellvertretenden Eltern in der Ehe und eigenen Familie oder in ehefreiem Dienst an hilfsbedürftigen Brüdern, Schwestern, Männern, Frauen, Söhnen und Töchtern gestörter Familien *bestanden* werden. Wo die Aussöhnung mit den acht Grundgestalten aussteht oder überfällig ist, drängt die neurotische Erkrankung mit allen ihr zur Verfügung stehenden Symptomen, Signalen und Mitteln auf diese Aussöhnung. Die Mehrzahl der in unserer Gesellschaft lebenden Neurotiker ist nachweisbar mindestens mit zwei der acht Grundgestalten verstritten oder hat sie nicht ausreichend erlebt. Das können die Eltern oder die Geschwister oder der Ehepartner oder Söhne oder Töchter sein.

[9] *H. Schultz-Hencke,* Der gehemmte Mensch, Stuttgart [3]1969.
[10] *W. Heinen,* Werden und Reifen des Menschen in Ehe und Familie, Münster 1965; *M. Erni,* Das Vaterbild der Tochter, Zürich [2]1968; *W. Bitter,* Das Vaterproblem in Psychotherapie, Religion und Gesellschaft, Stuttgart 1954.

3. *Die gestörte Entfaltung der religiösen Anlage*

Die seit einigen Jahren in weiteren Kreisen, auch der Theologen, geübte Kritik an der Unsichtbarkeit und an der Existenz Gottes läßt nach deren Ursprung fragen. Atheismus, Antitheismus, Agnostizismus werden in der Regel auf die sprunghafte Entwicklung der Naturwissenschaften und auf die vom Menschen entdeckte Machbarkeit und Veränderung dieser Welt zurückgeführt. Daß die in jedem Menschen angelegte religiöse Urdisposition in zahlreichen Menschen unbewußt geblieben oder wieder unbewußt geworden ist, weil das Mitwirken der Eltern, Lehrer, Priester unzureichend oder ganz ausgefallen war, wird selten gesehen. Der in seinen menschlichen Relationen gestörte und dadurch vereinsamte Mensch ist zu der Anerkennung seiner Urbeziehung zu Gott selten oder gar nicht fähig. Die oft genannte Existenzangst als Zeichen unentwickelten Vertrauens und Glaubens, die kompensatorisch desintegrierte und darum infantil gelebte Sexualität sind einige Symptome jener Neurose, die intensives Suchen nach Gott erkennen läßt.[11]

III. Finalität der neurotischen Leiden

Wesen und Ursprünge der Neurosen lassen nach dem Sinn oder Ziel dieser zunehmenden, gegen Medikamente resistenten Krankheitsarten fragen. Ohne vereinfachen oder verallgemeinern zu wollen, kann festgestellt werden, daß jede Neurose tendiert:

1. *auf eine personale Wandlung des Neurotikers,*
2. *auf die Aussöhnung des Kranken mit dem Du und Wir,*
3. *auf die Aussöhnung des Neurotikers mit dem Ich-Selbst,*
4. *auf das gläubige Einvernehmen mit dem Ur-Du: Gott.*

Ohne Wandlungen gelingt nicht das lebenslange Werden und Reifen des Menschen, auf die seine personal-soziale Disposition angewiesen ist. Durch die mannigfaltigen Wandlungen gelingt die dreifache Aussöhnung mit den Grundgestalten, mit Gott und mit dem eigenen Selbst. Diese Wandlungen sind Vorformen oder Vorübungen persönlichen Gebens, Nehmens und Lassens; sie sind Einübungen des Sterbens; im Tod geschieht die endgültige Wandlung, der Transitus in das ewige Leben, das Raum und Zeit nicht mehr kennt.

[11] *W. Bitter* (Hg.), Angst und Schuld in theologischer und psychologischer Sicht, Stuttgart ²1951; *G. Condrau*, Angst und Schuld als Grundproblem der Psychotherapie, Bern 1962.

1. Neurose fordert personales Sichwandeln des Kranken

Die Bereitschaft zu Änderungen der Lebens- und Arbeitsbedingungen, die Forderungen von Veränderungen der Gesellschaftsstrukturen, der Besitzverhältnisse und der politischen Machtausübung sind große Mode, werden lautstark verkündet, nicht selten mit brachialen Mitteln durchgekämpft. Von diesen Änderungen der Zustände, von den Veränderungen organisatorischer Art, gesellschaftspolitischer Formen und Funktionen erwartet man die Besserstellung der Menschen, ihr Glück und ihr Heil. Von Erneuerung der menschlichen Gesinnung und Verantwortung, von der wirklichen *Wandlung* oder dem *Sichwandeln* des Menschen spricht man selten.[12] Selbst die Metanoia-Forderung wird selten als Wandlung, viel lieber als Buße ausgelegt. Woher und warum diese weitverbreitete Scheu vor Wandlungen? Weil sie den vollen Einsatz der eigenen Person verlangt, ferner das Lassen-Können und die solidarische Haftung für die Schäden und Rückstände innerhalb der Menschheitsfamilie beinhaltet. Der neurotische Mensch stellt in der Regel erhebliche Forderungen an die Mitmenschen in Familie, Beruf und Gemeinde (politische und religiös-kirchliche). Er fordert Assistenz, Reifungshilfe, besonders persönliche, nicht nur materielle Hilfe. Solche Fragen und Nachforderungen von Beistand im Sichwandeln setzt ein gültiges Sicherkennen und Sichannehmen voraus. Für beides sind relativ wenige Menschen in den verschiedenen Altersstadien zu gewinnen, weil beides vom Menschen Redlichkeit und Wahrhaftigkeit in einem hohen Maße fordern. Es ist leichter, die eigenen Eltern, Geschwister, Mitmenschen in Beruf und Gesellschaft, besonders die Kirche für den eigenen Reifungsrückstand verantwortlich und haftbar zu erklären, als nach dem eigenen Maß an Versäumnis, Widerstand oder Trägheit zu forschen. Der Ruf nach Änderungen und Reformen kann dem persönlichen Sichwandeln dienen, er kann jedoch auch die eigene Wandlung vermeiden, ersparen oder ersetzen wollen durch die Bemühungen anderer Menschen. Der neurotisch Kranke kann nicht aus eigenem Entschluß, mit eigenen Einsichten und Kräften aus einem Engpaß, aus seinem Zwinger der Ichbesessenheit oder des Reifungsrückstandes herausfinden. Er bedarf zu seinem Freiwerden, Freiwählen und Freihandeln des mitmenschlichen, hilfsbereiten Du und der annahmebereiten Gruppe oder Gemeinschaft des sich verantwortlich fühlenden Wir. Weil diese in einer überbeschäftigten, technisierten Gesellschaft nicht leicht zu finden sind, kann der Neurotiker entweder aufsässig, rebellisch, revolutionär werden oder resignieren.[13]

[12] *W. Bitter* (Hg.), Die Wandlung des Menschen in Seelsorge und Psychotherapie, Göttingen 1956; *L. Prohaska, F. Haider* (Hgg.), Änderung, Wandel und Mitte in der Erziehung, Wien 1969.
[13] *E. H. Erikson,* Kindheit und Gesellschaft, Stuttgart 1965.

2. *Von der Aussöhnung des Neurotikers mit dem Du und Wir*

Es gibt das bewußte, erkannte und das unbewußte Verstrittensein eines Menschen mit seinen Eltern, Geschwistern, Berufskollegen und -kolleginnen. Beide Arten müssen behoben werden, wenn der neurotisch Erkrankte geheilt oder ausgesöhnt werden will oder soll. Ein erheblicher Teil der heute lebenden Eltern waren bereits in ihrer Kindheit und Jugendzeit mit ihren Eltern und Geschwistern nicht in dem zur Reifung erforderlichen Einvernehmen. Der Reifungsverzug dieser Eltern hat an dem Reifungsrückstand heutiger Jugendlicher – in der Regel unbewußt – mitgewirkt, weil sie nach dem totalen Zusammenbruch, nach Vertreibung und Neuansiedlung mit der Erstellung der materiellen Grundlagen: Wohnung, Beruf, Gebrauchsgüter so engagiert waren, daß nur wenig Zeit für ein vorbildendes und förderndes Leben mit ihren Kindern übrigblieb. Der Kampf rebellierender Jugendlicher gegen das »Establishment« einer Konsumgesellschaft ist nicht selten das indirekt-unbewußte Nachfordern der durch Eltern, Lehrer und Seelsorger unbewußt schuldig gebliebenen Lebens- oder Reifungshilfe.[14] In solcher Situation von moralischer Schuld oder Sünde zu sprechen, ist weder begründet noch weiterhelfend. Wenn man miteinander den Reifungsrückstand aufholt, durch Mithilfe menschenkundiger Ärzte, Therapeuten, Lehrer und Seelsorger, so gelingt die gesuchte Aussöhnung der neurotisch Gestörten und Erkrankten mit dem mütterlichen, väterlichen, brüderlichen, schwesterlichen Du, mit dem Wir der Familie und des Arbeitsteams.

3. *Ist die Aussöhnung des Neurotikers mit dem Ich-Selbst möglich?*

Durch den Kontakt des Kindes mit der Mutter entdeckt und entfaltet es sein Ich, das leibbetont ist und von der gesunden leib-seelischen Entwicklung direkt abhängt. Der Ich-Aufbau sollte bis zum Beginn der Pubertät gelungen sein. Vom zwölften Jahr ab sollte die Entfaltung des Selbst beginnen, die stärker von der seelischen und geistigen Entfaltung bestimmt wird. In gesunder Beziehung zu den Eltern und Geschwistern werden das Ich des Kindes und das Selbst des reifenden Menschen aufgebaut, entfaltet und »gelassen« oder eingeordnet in das Persongesamt und in die sozialen Relationen. Wurde diese Entfaltung gestört oder geriet sie in Verzug, so erinnern und erzwingen neurotische Reaktionen und Nachforderungen die persönliche Nachhilfe, die stets auf die unerläßliche Aussöhnung des Schwierigen oder Erkrankten mit den Grundbedingungen menschlichen Lebens in dieser Welt, vor allem mit den acht Grundgestalten gerichtet

[14] *P. Seidmann,* Die moderne Jugend – eine Herausforderung an die Erzieher, Stuttgart 1963.

sein sollte. Zu den Grundbedingungen, mit denen ein Mensch in Widerstreit geraten kann, gehören Raum und Zeit, Leiblichkeit, Geschlechtsbestimmtheit, Leid, Beruf, Krankheit, Tod. Von den genannten kann ein Mensch nur den Beruf wählen, die übrigen sind Daten, die er annehmen, in sein Leben integrieren muß. Zwar sind ihm Vorbilder und Helfer mitgegeben, Eltern, Geschwister. Wenn diese fehlen oder versagen, wer wird ihre Stellvertreter sein?[15]

4. Vom gläubigen Einvernehmen mit dem Ur-Du: Gott

Ohne menschliche Stellvertretung gelingt das gläubige Einvernehmen eines Menschen mit dem unsichtbaren Gott nicht. Das Ziel allen neurotischen Suchens, Aufbegehrens und Protestierens ist letztlich die Aussöhnung mit dem Urbild und dem Ur-Du, mit Gott, der im christlichen Glauben die Namen »Vater, Sohn und Heiliger Geist« trägt. Die Menschwerdung des ewigen Gottessohnes in Jesus dem Christus hat die Gottebenbildlichkeit und die Gotteskindschaft des Menschen in dieser Welt offenbart, so daß er glaubend, hoffend und liebend sich zu diesen Realitäten bekennen kann. Der Neurotiker sucht und fordert direkt und indirekt die mitmenschliche Hilfe in Vorbild und Beispiel, damit sein Hoffen, Glauben und Lieben in seinem Werde- und Reifungsprozeß gelingen können. Das quantitative und qualitative Zunehmen und Ausweiten der Neurosen legt die begründete Vermutung nahe, daß Gottes Kommen zu der Mitte des Menschen in dieser Epoche eher über das menschliche Unbewußte im Verlauf einer Neurose gelingt als über das Bewußtsein, mit dem der Mensch durch seine Entdeckungen sich eine eigene Welt geschaffen hat – vermeintlich ohne Gott. In dieser Sicht erhält die Neurose ihren positiven Sinn, ihre Zielstrebigkeit, die ihren immanenten Protest neu sehen und bewerten läßt.

IV. Formen und Ziele des Protestes im Leben des Neurotikers[16]

Jeder Protest ist der Ausdruck des Willens zu leben, *der* zu werden, der man werden kann, *so* zu handeln, wie man handeln und wirken sollte. Negativ gesehen ist Protest Ausdruck eines Unzufriedenseins oder ent-

[15] *J. H. van den Berg*, Metabletica; *W. Heinen*, Das indirekte Fragen nach den personalen Grundgestalten in menschlichem Agieren und Reagieren, in: *ders.*, Begründung christlicher Moral, 253–266.

[16] *W. Heinen*, Erwarten und Vertrauen im Widerstreit mit Furcht und Zwang, in: *W. Heinen, J. Schreiner* (Hgg.), Erwartung, Verheißung, Erfüllung, Würzburg 1969, 323–346; *W. Heinen*, Personales Sein und Werden Jugendlicher in Forderung – Widerstand – Wandlung, in: *L. Prohaska* (Hg.), Personentfaltung und Erziehung, Wien 1968, 35–48.

täuschter Erwartungen (Frustration). Lebenwollen und Enttäuschung finden sich in jedem neurotisch Erkrankten in potenziertem Maße, so daß man sagen kann: In jeder Neurose findet sich ein Protest, doch nicht jeder Protest ist neurotisch bedingt.

1. Ausdrucksformen neurotischen Protestes

Der Protest des Neurotikers bedient sich der normalen Mittel und Wege des Ausdrucks (Sprache, Gestus, Mimik, Werkgestaltung usw.), jedoch unterscheidet er sich quantitativ und qualitativ von dem Protest des gesunden, nicht gestörten Menschen. Der verbale Protest in Beschimpfung, Beleidigung und Verleumdung kann sich direkt an einen bestimmten Menschen oder an eine Gruppe von Menschen wenden. In der Regel ist damit verbunden der Protest in Mimik und Gebärde, der entweder aggressiv-drohend oder scheinbar überlegen-zynisch ausfällt. Vordergründig gesehen will der neurotisch Protestierende zunächst auf seine Person aufmerksam machen, den Adressaten des Protestes Furcht, Schrecken oder Angst einjagen, um sie in Wirklichkeit als Helfer für sich und seine Werdenot zu gewinnen.

Die Form des passiven Widerstandes, des Sichweigerns entspricht mehr dem Kind und dem nach innen lebenden Typus. Wo in einer Gesellschaft Leistung gefordert wird, kann Leistungsminderung oder -ausfall als indirekter Protest verstanden werden, der in der Regel wirksamer ist als der aktive Widerstand, weil wenige Menschen sich eine Hilfe abtrotzen oder abzwingen lassen. Auf der Linie des *indirekten* Protestes liegen Fehlleistungen und heute häufiger Erkrankungen, nicht nur vorwiegend psychische, sondern auch psychosomatische. Diese Proteste sind in der Regel unbewußt und gerade darum so wirksam.

Der *agitatorisch-demagogische* Protest der Rebellion, des Aufruhrs, des Aufstandes und des revolutionären Umsturzes hat stets das Gesetz und alle Hüter der rechtsstaatlichen Ordnung gegen sich. Diese Art erschwert das Hinterfragen der Phänomene und das Ergründen der berechtigten Nachforderungen auf seiten der Rebellen.[17] Ähnlich schwierig zu verstehen ist der *demonstrierende* Protest in Vergehen und Verbrechen, weil man generell unterstellt, daß jeder Delinquent böswillig und uneinsichtig ist, was durchaus nicht zutrifft. Der *definitive* Protest im Suicid, der in der Regel aus schwerster und langjähriger Neurose mehr geschieht als »verübt« wird, gibt die schwierigsten Rätsel auf, weil man den Lebenswillen generell für stärker hält als den Destrukions- oder »Todestrieb« (S. Freud).

[17] *K. Hermann,* Die Revolte der Studenten, Hamburg 1967; *H. Scheeps, C. Dannemann,* Die rebellischen Studenten, München-Eßlingen 1968; *F. Nuscheler,* Studenten – Störenfriede oder Demokraten? Mannheim 1968.

Für das Ermitteln der vom Selbstmörder gemeinten Personen gibt es Anhaltssymptome in der Durchführung des Suicides. Die protestierende »Selbstentbindung« (suicidium) wird erst von wenigen Psychologen als solche anerkannt, weil die zweite (seelische) Entbindung noch umstritten ist.

2. *Ziele protestierenden Agierens und Reagierens*[18]

Adressaten protestierenden Verhaltens von Neurotikern sind in der Regel Personen, auch dort, wo Institutionen oder Organisationen attackiert oder angerufen werden. Zunächst zielt jeder Protest auf Linderung oder Behebung einer Mangelsituation in Familie, Berufsleben oder im Ausbildungsprozeß. Protest kann das Ausbrechen aus einem Dilemma oder einer Zwangssituation einleiten. Druck und Zwang entstehen im Menschen generell durch Menschen, die weder sich noch den Mitmenschen genügend kennen oder selbst unter Druck und Zwang aufgewachsen sind. Das Gesetz des Ressentiments (Angleichung, Vergeltung) wird hier wirksam, nicht selten bona fide (in gutem, aber irrigem Glauben). Protestierend werden Besserung oder Normalisierung von Kontakt und Kommunikation angestrebt, die in jedem Neurotiker defizient, unterentwickelt oder desorientiert sind. Jeder Protestierende will, daß sein Leben optimal gelingt. Da ohne gewachsene und dienende Autorität, d. h. ohne Vorbild und Beispiel das nicht möglich ist, so fordert der neurotisch Protestierende persönlich überzeugende Vorbilder und Beispiele in dem Einüben von Vertrauen, Lieben, Glauben, Gehorchen, Gewissensentscheidung und Verantwortung. Solange diese lebenswichtigen Grundfähigkeiten unterentwickelt oder verkümmert sind, bleibt das Fordern oder Nachfordern von Mithilfe oder Nachhilfe aktuell, ist demnach irgendeine Form des neurotischen Protestes akut. Wie immer der Protest »eingekleidet« oder verhüllt werden mag, ob in eine Ideologie oder in ein Verhalten, der Adressat oder das Nahziel jedes Protestes ist der Mitmensch als möglicher Helfer oder Stellvertreter für eine der acht familiären Grundgestalten. Das Fernziel neurotischen Protestierens ist das Ausgesöhntwerden oder das Einvernehmen mit dem verborgenen Gott. Agnostiker, Atheisten und Antitheisten bringen primär nicht ein theologisches Problem zum Ausdruck, vielmehr ein anthropologisches. So gesehen, ist die Neurose nicht nur eine Erkrankung, sondern in ihrer Finalität ein insistierendes Fragen und Suchen nach dem glaubenden Menschen, der den Weg zu Gott kennt.

[18] *W. Heinen*, Das indirekte Fragen nach den personalen Grundgestalten in menschlichem Agieren und Reagieren, in: *ders.*, Begründung christlicher Moral, 253–266; *ders.*, Das Gewissen – sein Werden und Wirken zur Freiheit (hgg. v. H. Kramer), Würzburg 1971.

V. Die Zuordnung von Neurose und Protest

Von dem Verstehen dieser Zuordnung oder Relation ist die Heilung eines neurotischen oder reifungsgestörten Menschen direkt abhängig.

1. Neurose als leidvolle Störung des Reifungsprozesses[19]

Wer den lebenslang währenden Reifungsprozeß des Menschen nicht kennt und annimmt, wird sehr oft mitmenschliches und eigenes Agieren und Reagieren nicht verstehen. Die dadurch entstehenden Mißverständnisse entfremden, entzweien, bereiten Leid und Krankheit. Das oft infantile Bestehen auf der Erfüllung von Erwartungen, die praktisch unerfüllbar sind, das Verharren in überholten Vorurteilen und Verhaltensformen läßt Ehen scheitern, macht berufsunfähig und kontaktscheu. Das Aufgeben von Lieblingswünschen, das Freigeben von Söhnen und Töchtern, das Loslassen von Besitz, Position und Verfügungsrechten will in jedem Lebensstadium geübt werden, um eines Tages gekonnt, bejaht zu sein. Leid und Krankheit verhelfen zu freiwilligem Verzicht und Opfer ohne Resignation.

2. Protest aus Werdenot und aus Gehemmtsein des Menschen[20]

Das Sichwehren gegen elterliche Sorge und Bevormundung als erste Form des kleinkindlichen Protestes, das Nein als sprachlicher Ausdruck beginnender Selbständigkeit, das Verharren in infantiler Abhängigkeit, das Verweigern berechtigter Forderungen oder Pflichten, das wechselseitige Verhaftetsein (Fixierungen) zwischen Eltern und Kindern sind einige alltägliche, mehr oder weniger deutliche Proteste. Das Gehemmtsein und Behindertwerden ungezählter Kinder in der persongemäßen Entfaltung ihrer Anlagen führt zu Protesten, die im Jugendalter und bei Erwachsenen lebensgefährliche Formen annehmen (aggressives Autofahren, gesundheitsschädigende Konsumgewohnheiten: Alkohol, Rauschgifte, Rauchen). Wo die zum natürlichen Werden und Reifen gehörenden Proteste quantitativ und qualitativ eine Intensivierung oder Häufung erfahren, muß nach den Ursprüngen und Zielen solchen neurotischen Protestierens und Aufbegehrens gefragt werden, um die geforderte Hilfe geben zu können.

[19] *A. Vetter*, Psychodiagnostik und Psychotherapie, in: *ders.*, Wirklichkeit des Menschlichen, 253–292; *J. Goldbrunner*, Realisation, Freiburg 1966; *H. J. Schultz* (Hg.), Was weiß man von der Seele. Erforschung und Erfahrung, in: Psychologie, Philosophie und Theologie, Stuttgart 1967.

[20] *H. E. Richter*, Eltern, Kind und Neurose, Stuttgart 1963; *H. Zulliger*, Helfen statt strafen, Stuttgart 1956; *W. J. Revers*, Frustrierte Jugend. I. Fälle und Situationen, Salzburg 1969.

3. *Der Protest aus psychischem Widerstand*[21]

Jeder Protest aus Reifungsnot, als Ruf nach personaler Hilfe ist verständlich und darum annehmbar. Nun gibt es noch den Protest aus dem sogenannten psychischen (besser unbewußten) Widerstand. Wie erklärt man solchen Widerstand gegen den Helfer, gegen die heilende Hilfe? Jede Hilfe in einem Werdeprozeß fordert von dem Reifenden den vollen Einsatz der eigenen Person, wenn eine wirkliche Wandlung, das Sichwandeln des betreffenden Menschen, gelingen soll. Gegen diesen vollen Einsatz, gegen das Aufgeben kindlicher Forderungen z. B. wehrt sich nicht nur der Neurotiker, sondern auch der relativ gesunde Mensch – eine Paradoxie –, aber täglich zu beobachten. Solange der »Lustgewinn« aus Neurose oder anderer Erkrankung größer ist als der »Leidensdruck«, wehrt sich der Neurotiker, und zwar sehr geschickt, gegen den Helfenden. Dieser neurotische Widerstand erprobt Geduld und Liebe der Helfenden bis zur äußersten Bewährung. Das Verharren im trotzenden Protest kann offenbar ein Genuß sein.

4. *Aus der Neurose über den Protest zur Aussöhnung*[22]

In der Gegenwart sind Neurosen und Proteste, frontale und eingekleidete in politische und theologische Ideologien, direkte und indirekte, alltägliche Erscheinungsbilder. Das Verständnis für diese Formen menschlichen Agierens und Reagierens, für dieses soziale Geschehen ist relativ wenig entwickelt und selten gefördert, weil der psychische Widerstand aus den bereits genannten Gründen weit verbreitet, Mode ist. Das Festhalten an der Neurose unter ideologischem, politischem oder wissenschaftlichem Vorwand, durch Konversionen der Reifungsproblematik in Krankheit, Unfall, Verbrechen und Suicid ist bis zu einem bestimmten Lebensalter (46. oder 55.–60. Jahr) möglich. Der Protest wird bei solchen Hinauszögerungen des Reifens niemals fehlen. Er wird sich mit dem Hinweis auf die überfälligen gesellschaftlich-strukturellen Veränderungen stets rechtfertigen oder legitimieren lassen. Können solche Forderungen sozialer Änderungen das unerläßliche persönliche Sichwandeln ersparen? Politische, wirtschaftliche, institutionelle Änderungen können die persönliche Bereitschaft zu dem indispensablen Sichwandeln begünstigen, jedoch niemals eine Wand-

[21] *E. Grünewald,* Die personale Projektion, München 1962; *W. Heinen,* Sünde wider die Gnade oder projektiver Widerstand, in: *ders.,* Begründung christlicher Moral, 165–173.

[22] *M. Balint,* Der Arzt, sein Patient und die Krankheit; *R. Svoboda, J. Buchmann* (Hgg.), Die Wende zum Gewissen, Hamm 1968; *W. Heinen,* Der Mensch: Verheißung und Erfüllung für den Menschen?, in: *J. Schreiner, W. Heinen* (Hgg.), Erwartung, Verheißung, Erfüllung, 9–32.

lung erzwingen. Die in zivilisierten Gesellschaften weltweit aufgebrochene Problematik des Erwerbens und Besitzens, des Geltenwollens (Prestige) und Machtausübens drängt als entscheidender Faktor in das Bewußtsein und in die entscheidende Mitte von Millionen Menschen. Sie artikuliert sich in elementarem Verlangen und kategorischen Forderungen nach Frieden und Versöhnung. Die zahlreichen Krisenherde und Kleinkriege, die allgegenwärtigen Demonstrationen und Proteste können, vordergründig gesehen, auf einen Weltkrieg der Machtblöcke zusteuern. Das gesammelte Rüstungspotential läßt indessen eher auf eine Aussöhnung schließen, da die Bereitschaft zum Untergang bei den Machthabern nicht gegeben ist. Die Aussöhnung der Völker hat die Versöhnungsbereitschaft in den Machthabern und in zahlreichen wandlungsbereiten Frauen und Männern zur Voraussetzung. In der Mehrzahl der Jugendlichen tendiert der Protest auf Wandlung, nicht auf Zerstörung. Wo Änderungen mit Zerstörung erstrebt werden, handelt es sich um zwar zahlenmäßig kleine, jedoch ernst zu nehmende Gruppen. Sie in der latenten Bereitschaft zu dem persönlichen Sichwandeln zu fördern, setzt ein ungewöhnliches Maß an Geduld, an Einfallsreichtum und an beharrlichem persönlichem Reifungsbeistand voraus. Werden die Eltern, Lehrer, Seelsorger in Schule und Kirche, die Politiker in Staat und Wirtschaft zu diesem Einsatz bereit sein? Die Hoffnung auf die Kirchen und auf die Wandlungshilfe der Religionen ist, gemessen an der Kritik und an den Vorwürfen gegen sie, beträchtlich. Daß die Regeneration der religio, besonders der christlichen Offenbarungsreligion, in den Wandlungsprozessen der Völker und des Einzelmenschen ausschlaggebend sein wird, kann zwar nicht bewiesen, jedoch mit guten Motiven aufgezeigt werden. *Neurose* und *Protest* sind gegenwärtig die offenkundigsten von Lebensschwierigkeiten und Desorientierungen; sie drängen mit den deutlichsten Symptomgehalten auf Aussöhnung.

Personales Lieben im Reifungsprozeß des Menschen

Unter den zahlreichen Fragen, die den Menschen der Gegenwart beschäftigen oder bedrängen, dominiert die Frage: *Wer oder was ist der Mensch?* Wie kann sein Leben in dieser veränderten Welt gelingen? Wie kann er *der* werden, der er werden soll?
Es handelt sich demnach um die vierfache Frage:

I. nach Anlage oder Struktur der menschlichen Person,
II. nach dem Werde- oder Reifungsprozess der Person,
III. nach Begegnung und Beziehung als Mittel personalen Reifens,
IV. nach Grundformen und Gestaltwandel menschlich-personalen Liebens.

Nach gültigen oder verbindlichen Antworten auf diese vierfache Frage forschen heute nicht nur der Philosoph, der Psychologe, der Pädagoge und der Erzieher, vielmehr noch der Arzt und der Strafrichter. Indirekt sind an den Antworten interessiert: die Politiker, die Industrie und die Wirtschaft.
Der Arzt wird in seiner täglichen Begegnung mit dem kranken und leidenden Menschen auf die genannte vierfache Fragestellung verwiesen. Von der Beantwortung sind seine Diagnosen und seine therapeutischen Bemühungen *direkt* abhängig.

I. Die Frage nach Anlage und Struktur der Person

Sie ist auch in früheren Jahrhunderten wiederholt gestellt und beantwortet worden, allerdings niemals mit der Dringlichkeit und Beharrlichkeit wie seit dem ausgehenden 18. Jahrhundert, nie zuvor mit dem Aufgebot an Mitteln und Wegen wie seit Beginn dieses Jahrhunderts und besonders nach dem Ende des Zweiten Weltkrieges.
Die eine Gruppe sieht den Menschen vorwiegend als triebgesteuertes Wesen (S. Freud, Alfred Adler, Ludw. Klages). Eine andere Gruppe sieht den Menschen mehr als Intellekt- und geistbestimmtes Wesen (Aristoteles, Thomas, Albert, die mittelalterlichen Theologen). Augustinus nimmt unter dem Einfluß der platonischen Philosophie eine vermittelnde Stellung ein.
Die Anthropologie der Gegenwart, insbesondere der Münchener Philosoph August Vetter, vertritt ein dreigliederiges Strukturbild von der Person:

1. Die animalische Grundschicht mit Sinneseindrücken und Bewegungsantrieben, die beim Tier vom Instinkt gesteuert werden.
2. Die emotionale Mitte, der Kardiabereich (Gefühl), die den Personkern umhüllt und Steuerungsfunktion hat.
3. Der Bereich des geistigen Erkennens und Wollens (intellectus et voluntas), der im gesunden Menschen in engstem Wirkzusammenhang mit der emotionalen Mitte steht.

Keiner der drei Bereiche ist entbehrlich. Sie sind aufeinander angewiesen und spielen in dem *lebenslangen* Reifungsprozeß, in den unterschiedlichen Stadien der personalen Entfaltung eine wechselnd wichtige Rolle.

Im Kindesalter (0–12) dominiert die animalische Grundschicht. Im Pubertätsstadium ist die Ausbildung der emotionalen Mitte vordergründig.

Im Stadium des sogenannten Erwachsenen, da die Selbstfindung und Selbstentfaltung geschehen sollte, würden geistiges Erkennen und Wollen im Vordergrund stehen.

In allen drei Stadien ist indessen der *ganze* Mensch angerufen und beansprucht.

Alle drei Bereiche der Person stehen unter dem dreifachen Prinzip der Polarität, der Subsidiarität und der Integration. Alles Sein und Geschehen ist polar bestimmt und durch *Polarität* und Hierarchie aufeinander bezogen; das gilt von der Zelle bis zu den personalen Beziehungen zwischen Menschen. Auch die einzelne Person ist polar strukturiert. Die *Integration* ist sowohl Wirklichkeit als auch Lebensaufgabe, die im subsidiär geordneten Funktionszusammenhang gelingt. Die heute bei zahlreichen Menschen und in manchen Familien anzutreffende Desintegration (in der Person: Triebleben gegen geistiges Erkennen und wertbezogenes Wollen; in der Familie: Kinder gegen Eltern, Gegensatz der Geschwister) erschwert oder verhindert den Wandlungs- und Reifungsprozeß in gefährlichem Ausmaß.

II. Die Frage nach dem Reifungsprozess der Person

Die Annahme, der Mensch bestehe seinen Reifungsprozeß zwischen 12 und 21 oder heute bis 25, wird in zunehmendem Maße als Vorurteil erkannt. Zwar kommt diesem Stadium der Pubertät und Adoleszenz ohne Zweifel eine hohe Bedeutung zu, besonders im Hinblick auf das Sichlösen der Jugendlichen von der mütterlichen Bindung und Abhängigkeit, aber dieses Stadium zur Reifungszeit schlechthin zu erklären, entspricht weder entwicklungspsychologisch noch faktisch den Gegebenheiten und Intentionen. Der Entfaltungs- und Reifungsprozeß ist ein *lebenslänglicher* und bezieht alle Kräfte und Anlagen der menschlichen Person ein.

Mit guten Gründen lassen sich drei Hauptphasen oder Lebensperioden im Prozeß des personalen Reifens unterscheiden:

1. *Das Stadium des Ich-Aufbaus von 0 bis 12. Jahr.*
2. *Die Periode der Entfaltung des Selbst (12. bis 40. Jahr).*
3. *Das Stadium des bewußten Transzendierens, des Sichlassens bis zur Gelassenheit (40. Jahr bis Lebensende).*

Was ist mit Ich-Aufbau, Entfaltung des Selbst und dem transzendierenden Sich- und die Dinge-Lassen in diesem Zusammenhang gemeint?

1. Das Stadium des Ich-Aufbaues oder der Ich-Entwicklung

Erst gegen Ende des dritten, Anfang des vierten Lebensjahres sagt das Kind »Ich«. Vorher spricht es von sich in der dritten Person in Nachahmung der elterlichen Aussageweise. Was ist in dem Kind geschehen, wenn es nun ich sagt? Sein bisher schlummerndes Ich- oder Person-Gefühl ist erwacht und manifestiert sich im sprachlichen Ausdruck. Es hat also einige Jahre gebraucht, um sich aus der Identifizierung mit der Mutter und der Umwelt allmählich zu lösen. In der anschließenden sogenannten ersten Trotzphase im vierten Lebensjahr tritt diese Ich-Behauptung noch stärker in Erscheinung, indem das Kind lernt, sein Streben und Wollen im Nein- und Ja-Sagen zu gebrauchen. Da manche Erwachsenen dieses Stadium des anfänglichen Ichsagens oder Neinsagens gründlich verkennen und dementsprechend falsch reagieren, kommt das Kind in die Krise.
Das Ich des Kindes erwacht und entfaltet sich am Du, an den nächsten Beziehungspersonen: Mutter, Vater und Geschwister.
In den Begegnungen mit diesen *Grundgestalten,* in den Beziehungen zu ihnen und zu den Dingen der Umwelt baut das kindliche Ich sich auf, entwickelt und entfaltet es sich. Die Art und Weise dieser Begegnungen, die Intensität dieser Beziehungen entscheiden weithin über das Gelingen oder Mißlingen des Ich-Aufbaus im Leben des Kindes.
In den ersten Lebensjahren nach der Geburt leben Mutter und Kind psychisch in einer Symbiose, die nicht innig genug gedacht werden kann. Die Mutter bestätigt mit ihrer Pflege, Sorge und den zärtlichen Zuwendungen das Urvertrauen des noch unkritischen Kindes. Mit diesem Vertrauensverhältnis beginnt das eigentlich personale Leben. Das *Vertrauen* bleibt für die ganze Lebensdauer die Fundamental- oder *Grundwirklichkeit,* die *Urhaltung* des Menschen, die sich ausgliedert oder entfaltet in Erwartung, Lieben, Glauben und Gehorchen.
Diese Vertrauensbeziehung kann nun schwach oder stark, normal oder anormal sein. Je nachdem wird auch die Fähigkeit des Kindes zu lieben entfaltet oder sie verkümmert; je nachdem wird das kindliche Lieben richtig orientiert oder desorientiert. Vertrauen und Lieben lernt jeder Mensch von der Mutter. Diese Mutter hat aber bereits ihre Lebensgeschichte mit ihren Erfahrungen, Enttäuschungen und Belastungen sowohl von seiten

ihrer Familie wie auch innerhalb ihrer Ehe mit dem Mann, der aus einer anderen, eben aus seiner Familie kam. Die Erfahrungen dieser beiden Eltern sind die erste und in der Regel schwerste Hypothek für das Kind im eindrucksempfindlichen Kindesalter. Diese Belastung ist dann am schwersten, wenn die Eltern unberechenbar und labil in ihrem Verhalten, in ihren Aktionen und Reaktionen zueinander und zum Kinde sind. Wenn die Eltern mit ihrem Unbewußten im Frieden und Einvernehmen leben, ist die Gefühlslage und Gemütsverfassung relativ stabil. Stehen sie mit ihrem Unbewußten im Widerstreit und kennen sie die ungelösten Probleme ihres Lebenslaufes und ihrer Ehe nicht oder nur dunkel, so hat das Kind an dieser ungeklärten ehelichen Beziehung oder an der unstabilen Gemütslage der Mutter schwer zu tragen; sein Urvertrauen wird dann nicht bestätigt, sondern es bleibt unbestätigt. Das Kind kann diese Notlage auf zwei Wegen zum Ausdruck bringen oder signalisieren: Entweder es wird *schwierig*, oder es wird *krank*. Verhaltensschwierigkeiten oder Anomalien und Erkrankungen sind die beiden *Notausgänge* für jeden Menschen in Engpaßsituation, d. h. in gestörten lebenswichtigen personalen Beziehungen. Entscheidend ist dann, ob diese Symptomatik, diese Signalisierung von den Eltern und vom Arzt verstanden werden, und zwar als Not- oder Hilferufe des schwierigen oder erkrankten Menschen. Verhaltenskrisen und Krankheit wären demnach Ausdrucks- oder Aussageweisen einer im Reifungsprozeß behinderten, gestörten oder blockierten Person. Wenn wir sie anders sehen und angehen, werden wir dem schwierigen oder erkrankten Menschen nicht gerecht.

Wie entwickelt sich das Ich des Kindes? Im Vertrauen und im Liebesbezug der Mutter zum Kind und umgekehrt. Diese Beziehung ist indirekt auch eine Beziehung zum Gatten und zum Vater. Die direkte Beziehung zum Vater wird im Beginn und Verlauf der Pubertät aktuell und vordergründig. Zu einem gesunden Ich-Aufbau gehören nicht nur Mutter und Vater, sondern auch Bruder und Schwester, die nicht nur Gespielen sind, mit denen man Raum und Zeit, Nahrung, Kleidung und Spielzeug, viel mehr noch die Liebe der Eltern *teilen* muß, mit denen und an denen man das Ich und die Umwelt entdeckt. Mit ihnen lernt man den Umgang mit Personen und Dingen. Wie verläuft der Ich-Aufbau, wenn die Geschwister fehlen oder wenn nur *ein* Bruder oder *eine* Schwester da ist? Kann man den Ausfall oder Bedarf an Geschwistern nicht im Kindergarten oder in der Schule ausgleichen, decken? Sind dort nicht Brüder und Schwestern in großer Zahl? Dieses sekundäre Geschwistererlebnis soll nicht gering bewertet werden, aber die Bluts- oder Familiengeschwister können sie niemals voll ersetzen.

2. *Das Stadium der Entfaltung des Selbst (12. bis 40. Jahr)*

Ist der Aufbau des Ich in der ersten Phase gelungen, indem die Mutter-Kind-Beziehung gesund war, so steht in diesem Stadium der junge Mensch vor der Aufgabe des Sichlösens von der Mutter. Diese Ablösung geschieht im Hinschauen auf den Vater, der als Gestalt Sinnbild der Autorität und der Ordnung, der Norm und des Gesetzes ist. Im Schauen auf den Vater lernt der junge Menschen *glauben* und *gehorchen,* wie er von der Mutter vertrauen und lieben lernt. Die gelebten und überzeugungsmächtigen Vorbilder der Eltern sind die eigentlichen Lehrmeister, weniger die Ermahnungen und Tadel. Anerkennung und Korrektur sind mehr Kommentar zum elterlichen Vorbild, weniger Wegweiser für das Werden und Verhalten des Jugendlichen. Wenn die Ablösung von der Mutter nicht oder nur teilweise gelingt, weil der Vater fehlt oder zu schwach ist, so ist die doppelte Wahl der Pubertät und der Adoleszenz in Frage gestellt: die Berufs- oder Standeswahl und die Partnerwahl. Bei der Klärung der Berufswahl sollte der Vater behilflich sein, weil er das Leben in den Außenbereichen, im öffentlichen Bezirk aus Erfahrung kennt. In der Partner-Wahl ist der Mensch auf die Hilfe seiner Familie und besonders auf das Geschwister-Erlebnis angewiesen. Geschieht die Partnerwahl aus Flucht vor der eigenen Familie, um von der Mutter oder von den Eltern loszukommen, so ist das Gelingen der Ehe ernsthaft in Frage gestellt. Beruf und Ehe sind so lebenswichtige Aufgaben, daß zahlreiche Menschen daran erkranken, wenn sie die falsche Wahl getroffen haben und sich mit den Gegebenheiten nicht abfinden oder aussöhnen können. Bis zur Lebensmitte sollte der Mensch sein Selbst gefunden und so weit entfaltet haben, daß er sein Ich, d. h. die Betonung der Vitalstrebungen lassen kann.

3. *Das Stadium des bewußten Transzendierens (40. Jahr bis Lebensende)*

Mit 40 erreicht der Mensch die Lebensmitte, die zugleich einen bedeutenden Wendepunkt im Reifungsprozeß darstellt. Von diesem Zeitpunkt an sollte der Mensch bewußter als zuvor daran denken, daß sein Lebensziel nicht im Hier und Jetzt, nicht in dieser Welt liegt. »Der somatische Lebensbogen hat nicht mehr aufsteigende, vielmehr fallende, absteigende Tendenz« (A. Vetter). Auf diese Wirklichkeit reagieren zahlreiche Menschen mit Angst oder mit Herz- und Kreislaufbeschwerden. In manchen Menschenleben signalisieren solche Beschwerden eine falsche Einstellung zu sich selbst, zu den Mitmenschen und zu ihrem Ursprung: Gott. In diesem entscheidenden Lebensstadium kann man im allgemeinen sich nicht beschränken auf eine somatisch-materielle Lebensbewältigung. Hier gilt es, sich auf den Urgrund seines Wesens und seiner Bestimmung zu besinnen und einzustellen. Was will das besagen? Im Galaterbrief (2,20) des Apostels Paulus findet sich

eine Stelle, die uns Aufschluß gibt: »Ich lebe nicht mehr als ich, es lebt in mir Christus. Was ich nun lebe im Fleische, das lebe ich im Glauben an den Sohn Gottes, der mich geliebt und sich für mich hingegeben hat.« Hier handelt es sich sowohl um eine theologische als auch um eine anthropologische Aussage. Paulus war, als er den Brief an die Galater schrieb, 44 Jahre alt.
In unserem Kulturkreis wird die Lebenswende als Reifungsstadium und Reifungskrise allmählich wieder gesehen. Für die ärztliche Diagnose und Therapie scheint diese Erkenntnis unentbehrlich zu sein, sofern der Arzt die Erkrankungen und Leiden seiner Patienten persongemäß, nicht nur bio-physisch oder somatisch auffassen und angehen will. (A. Vetter)

III. Begegnung und Beziehung als Mittel personalen Reifens

Bei Beantwortung der zweiten Frage nach dem Werdeprozeß des Menschen wurde bereits sichtbar, daß die drei genannten Hauptstadien des Reifens im Lebensverlauf des Menschen in Begegnungen und Beziehungen zu anderen Menschen und zur Umwelt gelingen oder mißlingen. Man kann nun fragen: Lebt das Tier nicht auch in Begegnungen und Beziehungen? Wie unterscheiden sich die tierischen Beziehungen von den menschlichen? Ferner, steht der Mensch nicht auch in Beziehungen zur Natur, zu den von ihm gebauten Maschinen und den Sachgütern, die von diesen Maschinen gefertigt werden? Hat nicht mancher Mensch eine nähere Beziehung zu einem Tier oder zu seinem Auto als zu seinen Mitmenschen und zu sich selbst? Wir alle kennen Menschen, die begegnungsbereit und -fähig und andere, die begegnungschwach und beziehungsarm sind. Man spricht von aufgeschlossenen und verschlossenen, von kontaktfrohen und kontaktgestörten Menschen.
Nun ist Kontaktfähigkeit ohne Zweifel abhängig von der individuellen Anlage, vom Temperament, vom Typus. Sicherlich wirken noch mehrere andere Faktoren im Kontaktnehmen mit: Alter, Geschlecht, Berufsstand, Gesellschafts- und Staatsform, Volks-, Stammes- und Religionszugehörigkeit.
Abgesehen von all diesen modifizierenden, mitbestimmenden Gegebenheiten und Kräften bedarf jeder Mensch eines Mindestmaßes an Kontaktbereitschaft und Kontaktfähigkeit. Kontakt meint in diesem Zusammenhang sowohl *Begegnung* als auch *Beziehung*. Warum braucht der Mensch solche Begegnung und Beziehung? Weil das *Ich* am *Du* erwacht und sich aufbaut; weil der Mensch am Du sein Selbst entfaltet und sein Ich läßt. Am Du erwacht das Kind in seiner Personalität; am Du der Mutter erlebt es zuerst personales Leben, das fühlende Innewerden, das Sprechen (Muttersprache!), das Streben, das Fragen und Antworten. Die Mutter *erweckt*

das Kind zur *Person,* zum Sichbehaupten, zum Laufen, Stehen, Greifen, Halten, zum Lachen, Jauchzen und Weinen. All das sind die Anfänge personalen Agierens und Reagierens. Vom ersten Ich-Fühlen und Ich-Sagen des Kleinkindes bis zum Sichfühlen, Sicherkennen, Sichannehmen und Sichwandeln des Menschen zwischen 12. und 40. Jahr ist ein weiter und oft steiler Weg, der in Kontakt mit Eltern, Geschwistern und Altersgespielen mühsam zurückgelegt wird.

Die wichtigste Gestalt für das Einüben des Kontaktnehmens (Begegnung) und des Kontakthaltens (Beziehung) ist die *Mutter.* Sie übt den Kontakt des Kindes mit *Personen* ein. Sie bestätigt das Urvertrauen des Kindes und klärt es zu einem der Wirklichkeit entsprechenden Vertrauen auf oder ab. Vertrauen ist zuerst *Seins*-Vertrauen, das dann zum *Person*-Vertrauen sich entfaltet. Ohne das stabile Seins-Vertrauen kein Sichgeborgenfühlen, keine Sicherheit; statt dessen taucht die Angst auf, die stets ein Signal unentfalteten oder gestörten Vertrauens ist. Der Mensch vertraut oder traut mit dem Herzen, d. h. mit dem Gefühl und Gemüt. Diesen Kern- oder Zentralbereich der Person kultiviert die Mutter durch ihr Vertrauen und Lieben, durch das sie dem Kind zum Ausdruck bringt: Ich sehe dich, weiß, daß du bist und dich entfalten kannst; ich will, daß du bist und der wirst, der du werden kannst. Fühlend wird das Kleinkind dieser mütterlichen Vertrauens- und Liebeshaltung inne. Mit diesem Urkontakt hebt die Personentfaltung an. Ist dieser Urkontakt zwischen Mutter und Kind schwach, oder wird er gestört, so trägt ein Mensch so lange daran, bis er auf *den* Menschen trifft, der stellvertretend für die Mutter sein Vertrauen und Lieben weckt, bestätigt und orientiert.

Die Mutter ist in ihrer Kontaktfähigkeit abhängig von ihrer Beziehung zu ihrem Mann, d. h. von dem Reifungsstand ihrer Ehe. Die Art, wie der Ehemann seine Frau bejaht und liebt, wirkt weithin auf die Beziehung dieser Frau als Mutter zu ihrem Kind. Die mütterliche (maternale) Vertrauens- und Liebeshaltung übt das Kind ein in die erste Beziehung zum Sein überhaupt, dann aber besonders in dem Kontaktnehmen zu den Personen, zunächst des Familienkreises, dann der Nachbarschaft, des Kindergartens, der Schule.

Der Vater kennt besser den Bereich der Sachgüter und Dinge, die Außenwelt und die weite Welt, in die der junge Mensch mit dem Beginn der Pubertät (11. oder 12. Jahr) eintreten will. Als Mann ist der Vater der Repräsentant des Gesetzes, der Norm, der Ordnung, der Autorität. Er ist die formgebende und durchformende Kraft und Instanz, die der Mensch im Glauben annimmt und im Gehorsam bejahend nach- oder mitvollzieht. Darum lernt der junge Mensch vom Vater glauben und gehorchen, sofern er dieses beides an der Gestalt und am Leben des Vaters absehen, d. h. im Vorbild innewerden kann.

Maternales Vorbild in Vertrauen und Lieben und paternales Vorbild in

Glauben und Gehorchen sind unentbehrliche Voraussetzung für kindliches Einüben in Begegnung und Beziehung.
Außer und mit diesen zwei Grundgestalten (Mutter und Vater) wirken *Bruder* und *Schwester*. Das Mädchen erlebt an ihrem Bruder den Mann im Werden, der Junge an seiner Schwester die Frau im Werden. Diese erste Begegnung der Geschlechter im Schoß der Familie hat ihr Vorbild in der Beziehung von Mutter und Vater. Ist ihre Ehe eine *Gemeinschaft der Herzen* und nicht nur des Leibes oder des Konsums, so ist dies die erste gültige Bekanntmachung mit der Ehe. Das Geschwisterverhältnis ist unentbehrlich für die Einübung der sozialen Spielarten für das spätere Sicheingliedern in die menschliche Gesellschaft, besonders im Berufsleben. Bruder sein und Schwester sein übt man mit den Geschwistern in der eigenen engeren und weiteren Familie ein. Die Beziehungen der Eltern zu ihren Geschwistern sind in der Regel das unbewußt übernommene Leitbild für den Geschwisterkontakt ihrer Kinder. Nach diesen Kontakterfahrungen in der eigenen Familie richtet sich die Kontaktaufnahme mit dem zukünftigen Lebenspartner. Der Jungmann hat in der normalen Familie zwei Frauen erlebt – die Mutter und die Schwester – und weiß, wenn er seelisch von seiner Mutter gelöst ist, welches Mädchen seine Frau und die Mutter seiner Kinder werden kann. Die Jungfrau hat zwei Männer gesehen und kennengelernt – den Vater und den Bruder – und weiß dann, sofern die seelische Ablösung von Mutter und Vater erfolgt ist, welchem Jungmann sie in die Ehe folgen will, ob er ihr Mann und Vater ihrer Kinder werden kann. Ehe als Lebens- und Liebesbund wächst und reift so langsam wie der einzelne Mensch, d. h. solange das Leben dauert. Über personale Begegnung und Beziehung in der Ehe wäre nun manches zu sagen, was heute in Vergessenheit geraten oder unbewußt geblieben ist. Eines tritt von Jahr zu Jahr deutlicher in Erscheinung: Wo in einer Ehe jeder der Partner vertrauend, glaubend und liebend auf das Werden und Entfalten des anderen bedacht und bestrebt ist, kommt niemand zu kurz, d. h. die Ehe verinnerlicht sich, reift und gelingt. Wo in einer Ehe jeder der beiden sich und das Seine sucht, gehen beide im wesentlichen leer aus; sie leben aneinander vorbei oder gegeneinander. In solcher Ehe überwindet der Mann nicht das »Weib« in seiner Frau; die Frau vermag nicht in ihrem Mann den vagabundierenden Eroberer, den »Odysseus«, den »ewigen Heimkehrer« zu stellen. Wo die Ehepartner sich diesen gegenseitigen Dienst nicht leisten, gerät die Ehe in die Krise, die über Jahre und Jahrzehnte dauern kann.
In der reifenden Ehe ist dann noch das vierte Paar der Grundgestalten zu bestehen: Tochter und Sohn.
Von Natur ist der Sohn stärker auf die Mutter bezogen, während die Tochter eher zum Vater neigt, besonders nach dem 12. Lebensjahr. Die Aufgabe der Eltern ist es, diese naturhafte Beziehung im Reifungsprozeß

der Kinder zu klären und zur Ablösung zu führen, was für das Reifen der Kinder unentbehrlich und der Ehe nur dienlich ist.
Weil die Begegnungen und Beziehungen in der Familie für jeden Menschen grundlegend und entscheidend sind, wurde davon am meisten berichtet.
Begegnungen und Beziehungen im Berufsleben ergeben sich und wachsen aus den familiären Bindungen.
Begegnungen mit dem Du sind der Ausgang.
Begegnungen mit dem Ich und Selbst orientieren sich an den Beziehungen zum Du und Wir.
Über die Beziehungen zum menschlichen Du wird die Begegnung mit dem Ur-Du möglich und entfaltet sich. Du-Liebe – Gottesliebe – Selbstliebe.

IV. Die Frage nach dem Gestaltwandel personalen Liebens

Nach der Beantwortung der drei wichtigen Vorfragen – nach der Struktur und nach dem Reifungsprozeß der Person – stellt sich nun die letzte Frage: *Wie und wodurch reift der Mensch in seiner Personalität?* Wie kommt er dazu, *er* selbst zu werden, wie der Schöpfer ihn gemeint hat? Auf diese Frage gibt es im Verlauf der Menschheitsgeschichte eine Reihe von Antworten: »Erkenne dich selbst«; »Werde ein Bedürfnisloser«; »Tao – Handle nicht«; »Nirwana = Entwerde, wolle und wünsche nicht«; »Werde ein Weiser«. Die christliche Antwort lautet: »Liebe Gott und den Nächsten wie dich selbst.« Mit diesem Gebot ist der Weg gewiesen, weil der Mensch aus der Liebe stammt, im richtigen Lieben sein Wesen auszeugen kann und für die Vollendung in der Liebe bestimmt ist. Sie ist die umfassendste und universalste Grundkraft in diesem und im anderen Leben.
Jeder Mensch als Person reift liebend, und seine Liebe erfährt in seinem Reifungsprozeß einen Gestaltwandel. *Lieben und Reifen sind synonyme Wirklichkeiten*, so daß man an der Art und Weise menschlichen Liebens seinen persönlichen Reifungsstand ablesen kann. Darum ist die Liebe ein Kriterium, ein diagnostisches Prinzip für den wirklichen Arzt, der sich für den gesamten Menschen in seinem Lebenslauf oder Reifungsprozeß verantwortlich weiß. Zwar ist es heute noch ungewöhnlich, daß ein Arzt seine Patienten nach ihren Beziehungen zu den acht Grundgestalten: Mutter, Vater, Schwester, Bruder, Frau, Mann, Tochter, Sohn fragt. Ebenso selten ist, daß er nach dem Wie und Was ihres Liebens forscht. Und doch liegen hier sowohl die letzten oder ersten Ursprünge wie auch die Finalitäten der Erkrankungen und Leiden. Mit der heute gebräuchlichen medizinischen Apparatur lassen sich diese Ursprünge und Ziele der Krankheit zwar nicht feststellen, wohl aber in der menschlichen echten Begegnung, wie sie Wladimir Lindenberg in seinen Büchern »Gespräche am Krankenbett« und »Mysterium der Begegnung« beschrieben hat, ähnlich Hans Trüb »Heilung

aus Begegnung«. Dieses personale Moment der Begegnung und Beziehung scheint in der zukünftigen Arzttätigkeit seinen unentbehrlichen Platz wieder einnehmen zu wollen. Ähnlich in der Erziehung und in der Seelsorge, in der beruflichen Ausbildung wie im Strafvollzug.

Welche Hauptformen menschlichen Liebens gibt es?

Wie zeigt sich der Form- und Gestaltwandel im Lieben? Die Potenz oder Fähigkeit zu lieben ist jedem Menschen mitgegeben oder eingeboren, wenn er in diese Welt eintritt. Geweckt wird diese Fähigkeit im Kind durch die Mutter, die im allgemeinen ihr Kind so liebt, wie sie selbst geliebt worden ist und von ihrem Mann geliebt wird. Das Kind antwortet auf die liebende Zuwendung der Mutter mit *den* Kräften, über die es verfügt.

1. In dem ersten Lebensstadium des Ich-Aufbaus (0–12) dominiert die vorwiegend begehrliche Liebe, die sich äußert im Haben- und Behaltenwollen, im Geltenwollen und im Genußstreben. Diese drei Grund- oder Elementarstrebungen sichern die biophysische, die somatische Existenz, dienen der Entwicklung und Entfaltung des Vital-Ich der Person. Das Ziel dieser begehrlichen Liebe ist die *Lust.* Eindruckserleben und Ausdrucksverhalten im Kleinkind sind lustbetont und luststrebig. Mit zunehmendem Alter erwacht im Kind das psychische Leben, und zwar in Begegnung mit den Eltern, in der Beziehung zu den Geschwistern.
Begegnungen und Beziehungen dieser Art sind nicht mehr so leibbezogen und lustbetont wie in den ersten drei Jahren; sie wirken schon beglückend. Glück und Beglückung sind das Ziel der Eros-Liebe, die dem Jugendalter vom Beginn der Pubertät (11. Jahr) zugeordnet ist. Von der Entfaltung der Eros-Liebe hängt ab, ob die Beziehungen zu den genannten acht Grundgestalten in relativ normalen Bahnen verlaufen, ob Eigenständigkeit und Kontaktfähigkeit eines Menschen in einem gesunden Rhythmus entfaltet werden.
2. Drei Formen oder Arten der Eros-Liebe sind zu unterscheiden:

a) Der niedere Eros, der du sagt, aber vorwiegend Ich meint (10.–14. Jahr).
b) Der mittlere Eros, der du sagt und das Du auch wirklich meint, ihm wohlwill, dabei das Ich aber mit im Blickfeld hat. Er liebt nach der Maxime: Wie du mir gut bist, so bin ich dir zugetan. Er ist die *Liebe auf Gegenseitigkeit* (14.–20. Jahr).
c) Die höhere Eros-Liebe sagt du und meint das Du in einem Maße, daß die Frage nach dem Ich zurücktritt, ohne daß dieses Ich ausgeschlossen wäre. In dieser Eros-Liebe weiß der Mensch, daß er *dienend* sein Selbst entfaltet. Zu dieser dreifachen Eros-Liebe ist der Mensch fähig aufgrund seiner *Gottebenbildlichkeit.*

3. Die höchste Stufe menschlichen Liebens nennen wir in der christlichen Welt *Agape*. Sie ist ihrem Ursprung nach die Liebe Gottes zu den Menschen und die Antwort-Liebe des Menschen zu Gott und seinen Geschöpfen. Es ist die Liebe um Gottes willen und auf Gott hin. Zu dieser Liebe ist der Mensch fähig aufgrund der *Gotteskindschaft*, die der Mensch in der Taufe empfängt und die durch das sakramentale Leben mit Christus in seiner Kirche entfaltet wird. Eros-Liebe und Agape sind einander zugeordnet und durchdringen sich wie Natur und Übernatur.

Steht das Jugendalter mehr im Zeichen der Eros-Liebe, d. h. in der Findung und Entfaltung des Selbst, im Dienst am mitmenschlichen Du, so sollte der Erwachsene mehr und mehr in der Agape wachsen, d. h. das Selbst lassen lernen. Hat die reifende Eros-Liebe den Menschen gelehrt, das Vital-Ich zu lassen, so übt er in der Agape-Liebe das Lassen des Selbst. Ehe und Familie sind die hohe Schule dieses Reifens im Lieben, dieses Sichwandelns durch die Liebe.

Am Du erwacht das Ich, am Du läßt man das Ich. Am Du entfaltet sich das Selbst, am Du läßt man es. Das Ur-Du – Gott – ist Ursprung und Ziel aller Liebe. Im Dienst dieses lebenslangen Wandlungsprozesses der Person, der zugleich *Reifungsprozeß des Liebens* ist, stehen: *Bild, Wort und Symbol.*

Das *Bild* steht am Beginn des Lebens und beherrscht das Kindesalter zusammen mit dem *Märchen*, in dem alles möglich ist.

Das *Wort* dominiert im Jugendalter zusammen mit dem *Mythos*, der *Sage*, die Verehrung im Jugendlichen weckt. Das *Symbol* als Transparent des Unendlichen und Ewigen im Endlichen und Zeitlichen sollte im Leben des Erwachsenen den Weg im Reifungsprozeß zeigen. Dem Symbol ist zugeordnet das *Mysterium*, das den Blick des Menschen über diese sichtbare Welt hinauslenkt, so daß er dem Sehnen seines Wesens im Glauben und im Lieben gerecht werden kann.

Das Bild gehört dem imaginativen Bewußtsein (Phantasie) an und steht als Abbild – jedes Bild ist Abbild vom Urbild – im Dienst der Begegnung mit der Welt (A. Vetter).

Das Wort gehört zum Intellekt und steht als Begriff im Dienst der gegenseitigen Verständigung. Solange es mit der Wirklichkeit durch das Bild verbunden ist, hat es heilsame und heilende Wirkung. Losgelöst von der Bildwirklichkeit, kann der Begriff, die Formel, chemische, physikalische oder mathematische, dämonisierend, zerstörend wirken. Die technisierte Welt ist die Welt des bild- und symbolarmen Menschen, der im Zentrum seiner Personalität verkümmert und darum begegnungsschwach und beziehungsgestört ist.

Schauen und Horchen fördern nicht nur Bild- und Symbolfähigkeit des Menschen, vielmehr noch Begegnungsbereitschaft und Beziehungsfreudigkeit. All das öffnet und kultiviert den Kardia-Bereich, die emotionale

Steuerungsmitte der Person, die am meisten Not leidet, wie die zahlreichen Herz- und Kreislauferkrankungen signalisieren. Sklerokardia (Mt 13, 15; 19, 8; Mk 6, 52; 10, 5; 16, 14; Joh 12, 40) und Kardiosklerose haben höchstwahrscheinlich miteinander zu schaffen, nicht nur sprachlich, sondern personalmenschlich. Ungezählte Menschen dieser Epoche sind unzufrieden, angsterfüllt oder werden ihres Lebens nicht froh, kommen zum Arzt in der Erwartung, daß er ihnen helfe. Manche Ärzte wissen, daß ihre Patienten von der Mitte ihrer Person her gestört sind und dieses Behindert- oder Gestörtsein im Lieben in der Erkrankung somatisieren. Die Seelsorger begreifen in zunehmendem Maße, daß Schuld und Sünde ein Schuldigbleiben der geschuldeten Liebe sind. Werden Arzt und Seelsorger sich verbünden, um dem Menschen, der sich selbst zum bedrückendsten Rätsel geworden ist, beizustehen, in der Liebe und durch die Liebe sich zu erkennen, sich anzunehmen, sich zu wandeln und dadurch zu reifen?

Literatur:

W. Bitter, Vorträge über: Die Wandlung des Menschen in Seelsorge und Psychotherapie, Göttingen 1956.
W. Bitter, Zur Rettung des Menschlichen in unserer Zeit, Stuttgart 1961.
W. Heinen, Liebe als sittliche Grundkraft und ihre Fehlformen, Freiburg/Breisgau ^{3}1968. *Ders.:* Das Gewissen – sein Werden und Wirken zur Freiheit, Würzburg ^{2}1971.
W. Heinen (Hg.), Bild – Wort – Symbol in der Theologie, Würzburg 1969.
W. Lindenberg, Mysterien der Begegnung, München 1959.
T. Regau, Medizin auf Abwegen, München 1960.
A. Sborowitz, E. Michel, Der leidende Mensch, Köln 1960.
A. Vetter, Wirklichkeit des Menschlichen, Freiburg/Breisgau 1960. *Ders.:* Personale Anthropologie. Aufriß der humanen Struktur, Freiburg/München, 1966.

Ethische Fragen nach Lebensstandard und Glück

I. Zur Phänomenologie des Lebensstandards

Der Begriff »Lebensstandard« ist in Deutschland nach dem Zweiten Weltkrieg, besonders seit 1948, allgemein in Gebrauch gekommen. Er wurde von Amerika übernommen, wo mit »standard of life« eine bestimmte äußere Lebensgestaltung gemeint ist. Diese individuelle und soziale Gestaltung des täglichen Lebens ist im wesentlichen abhängig von Gebrauchsgütern, die von einer hochentwickelten, vielfach automatisierten Industrie in Serienfertigung hergestellt und mittels intensiver Werbung auf den Markt, an eine möglichst große Zahl von Käufern oder Verbrauchern herangebracht werden. Es handelt sich dabei vorwiegend um Güter, die nach Aussage der Werbung »der zivilisierte Mensch zu seinem Leben einfach braucht« wie z. B. den Kraftwagen, den Fernsehapparat, den Kühlschrank. Ferner gehört zum Lebensstandard, daß man so bequem wie nur möglich wohnt, daß man sich modern kleidet und im Jahr eine größere Urlaubsreise unternimmt. Schließlich gehört auch Wochenendfahrt mit Camping dazu. Mit einem Satz: Alles, was von den Industrien in großen Mengen hergestellt und von den Handelsorganisationen bzw. Detailgeschäften mittels einer geschickten Werbung den Interessenten zum Kauf angeboten wird, gehört über kurz oder lang zum Lebensstandard.
Charakteristisch für das Lebensstandarddenken sind demnach: eine Fülle von Gebrauchs- und Konsumgütern, der zugkräftige Werbeappell an das Besitz-, Geltungs- und Genußstreben der Menschen und nicht zuletzt eine spürbare Erleichterung in den Kauf- und Zahlungsbedingungen. Die Herstellung großer Mengen von Gebrauchsgütern bereitet heute im Zeitalter der durchweg maschinell und weithin schon automatisiert fertigenden Industrie keine Schwierigkeiten. Schwerer ist es, die Ware an den Verbraucher bzw. Käufer zu bringen. Eine psychologisch geschickt zielende Werbung versteht, das Interesse einer breiten Käuferschicht zu wecken. Zügige Werbeslogans weisen nicht nur auf die Brauchbarkeit der Waren hin, vielmehr suggerieren sie in Bild, Ton, Farbe und Gestalt, durch Frage und Wiederholung dem Käufer das Gefühl, daß man etwas versäumt, wenn man hier nicht zugreift, daß man rückständig wird, wenn man nicht mitmacht. Die Frage der Bezahlung, die manchen Interessenten vom Kauf abhalten könnte, wird so diskret wie eben möglich behandelt. Bei mancher Werbung entsteht geradezu der Eindruck, daß das Bezahlen der Ware nebensächlich und nur das Kaufen eine wichtige Sache ist.

In der Bundesrepublik Deutschland hat das Streben nach höherem Lebensstandard seinen Ursprung im Nachholbedürfnis der Millionen Menschen, die im Verlauf des Zweiten Weltkriegs ihre Habe und oft auch ihre Wohnung verloren haben. Dieses Nachholbedürfnis hat verschiedene Stufen oder Phasen durchlaufen. Zunächst stand die Nahrung im Vordergrund, was nach den neun Jahren strenger Lebensmittelrationierung verständlich ist. Nach dem Eintreten eines gewissen Sättigungsgrades galt es, neue Kleidung und Wäsche zu beschaffen, »damit man sich wieder sehen lassen konnte«. Auf der dritten Stufe des Nachholens waren Hausrat und Wohnungseinrichtung gefragt. Auf der heutigen Stufe stehen Reisen und Touristik im Vordergrund des Interesses. Parallel dazu läuft ein ständiges Streben nach Vergrößerung und Modernisierung des Wohnraumes.

Das für die Finanzierung der genannten Gebrauchsgüter erforderliche Geld mußte erarbeitet werden, da zunächst nur wenige auf Reserven zurückgreifen konnten. Gearbeitet wurde also zunächst, um den notwendigen Unterhalt zu haben, dann, um besser zu leben, und schließlich, um die angebotenen Waren, die zum eigentlichen Lebensunterhalt nicht direkt erforderlich waren, »sich leisten zu können«. Das Haben- und Genießenwollen wurden durch die Werbung in einem Maße geweckt und gestachelt, daß es für den einzelnen immer schwerer wurde, sich dem allgemeinen Trend zu entziehen. Nach den Jahren der Entbehrungen und des zwangsläufigen Verzichtens glaubte man, ein Anrecht auf die angebotenen Güter zu haben.

Mit dem Anwachsen der industriellen Produktionskapazität wuchs die Warenfülle, die nach Verbrauchern rief. Aber die Verbraucher waren kaufwillig und räumten die Warenlager (Sommer-, Winterschlußverkauf). Die schnell wechselnde Mode, die dem *Geltungsstreben* der Menschen entgegenkommt, wurde zum Wirtschaftsfaktor erster Ordnung. Da kaum jemand als rückständig gelten will, schloß man sich allgemein diesem Zug des Wirtschaftslebens an. Wirtschaft, Handel und Verkehr übernahmen die *Führung* in der *Lebensgestaltung des zivilisierten Menschen.*

Der Mensch, der exklusiv oder vorwiegend in den Dienst der äußeren materiellen Lebensgestaltung getreten war, verlor nun zusehends an innerer Sicherheit und Orientierung. War in den Jahren 1934–1945 die *äußere Freiheit* bedroht oder langsam abgebaut, dafür aber um die innere Freiheit des Menschen gerungen worden, so wurde nach 1948 im Zuge der wiedergewonnenen äußeren Freiheit die Freiheit des inneren Menschen gefährdet. Selbststand und freies Sichentscheiden schwanden oder verkümmerten in dem Maße, wie der Mensch der Güterproduktion und dem Güterkonsum verfallen oder hörig geworden war.

Die Verfallenheit an die materiellen Güter und die damit einhergehende Verarmung des geistigen und die Verkümmerung des seelischen Lebens riefen im Menschen den Widerspruch mit sich selbst und den vielfältigen

Widerstreit mit seinen Mitmenschen wach. Diese Spannungen wurden noch vermehrt aus unerfüllten Wünschen, aus unerreichten oder unerreichbaren Zielen, die von der Wirtschaftswerbung geweckt oder aufgezeigt worden waren. Da bei vielen die seelische und geistige Kraft zu einer echten, naturgemäßen Bewältigung dieser Spannungen fehlte, setzte die Betäubungs- und Berauschungswelle ein. Alkohol, Nikotin und Rauschmittel, ferner Sensationen aller Art mußten helfen, die innerlichen und *zwischenpersonalen Spannungen* entweder zu verdrängen oder durch Sichbetäuben zu überdecken.

Die nicht ausgetragenen Spannungen ließen eine hektische Betriebsamkeit entstehen, die entweder im Dienste der materiellen Bedürfnisbefriedigung stand oder zur Flucht vor der Selbstbesinnung, vor dem Zu-sich-Kommen wurde. Damit war der »Teufelskreis« perfekt: Großer Spannungsreichtum löst Betäubungs-, Berauschungsdrang und Betriebsamkeit aus; diese erhöhen wiederum den Spannungsreichtum, statt ihn abzubauen.

Der Drang nach höherem Lebensstandard (Lebensqualität) in den heute sichtbaren Formen, das dranghafte, unbeherrschte Streben nach materiellen Gebrauchs- und Konsumgütern manifestiert eine leicht zu durchschauende Abhängigkeit des Menschen von seinen Strebungen nach Besitz, Erwerb, Geltung und Genuß, die oft genug in sklavische Unfreiheit ausartet. Ein beachtlicher Teil der zivilisierten Menschen ist nicht mehr Herr der Dinge und nicht mehr frei in seinen Entscheidungen; vielmehr besitzen die Sachgüter den Menschen, der sich eigentlich ihrer zu seinem Heil bedienen sollte. Diese neue Art von »Besessenheit« zeigt sich am deutlichsten in dem Mißbrauch der reinen Genußmittel und in dem undisziplinierten Gebrauch motorisierter Fahrzeuge. Die Phänomene des *desorientierten Strebens* nach Erhöhung des Lebensstandards um jeden Preis liegen für den Blick des kritisch Sehenden offen und sind auch relativ leicht zu deuten. Aber in den breiten Schichten des Volkes werden die Gefahren des Standardstrebens noch nicht gesehen, da die Strebungen eine solche Wucht und Schwerkraft angenommen haben, daß sie das klare Erkennen und das rechte Wollen einstweilen noch verhindern. Vielleicht bedarf es noch einer gründlichen psychologischen Durchleuchtung der angedeuteten Phänomene, um ihrer personfeindlichen Wirkungen innezuwerden. Allerdings ist von der Einsicht in die Gefährlichkeit der Überbewertung der materiellen Lebensgüter allein eine wirksame Umkehr zu ihrer rechten Einschätzung noch nicht gewährleistet.

II. Psychologie des Standarddenkens und Standardstrebens

Das Nachholbedürfnis, das nach allen Not- und Entbehrungszeiten auftritt, hat nicht nur kompensatorischen Wert für den einzelnen, sondern dient auch der Normalisierung des sozialen Lebens. Die Flucht in die Sachwerte ist ein Hauptmerkmal des Standardstrebens, weil diese Sachwerte eine schnellere und leichtere *Beglückung* dem Menschen versprechen. Die persönliche Erfüllung und Entfaltung aus personaler Begegnung, aus seelisch-geistiger Betätigung ist weit zeitraubender und verlangt den Einsatz der persönlichsten Kräfte. Aus Mangel an Vertrauen zu den Mitmenschen, zu Gott und zur eigenen Person hält man sich lieber an die Dinge, an die Sachwerte, weil sie handgreiflich realer erscheinen als die höheren geistigen Werte.

Die »Verabsolutierung des Relativen«, d. h. der Sachwerte, ist die zwangsläufige Folge einer solchen Bevorzugung der Dingwerte. Die höheren Werte und das »bonum absolutum« (Gott) werden dementsprechend relativiert, d. h. sie rangieren in der Wertordnung an letzter Stelle, oder sie schwinden ganz aus dem Blickfeld des standardsüchtigen Menschen. *Gott ist dem Menschen zu verborgen,* zu wenig sichtbar, da er mit den Kategorien »Raum und Zeit« nicht zu fassen ist. Die »Relativierung des Absoluten« ist nach Igor A. Caruso (»Psychoanalyse und Synthese der Existenz«) das Hauptkennzeichen des Neurotikers; somit trägt unsere Zeit unverkennbar *neurotische Züge*, stärker als jede andere Zeit zuvor.

Weil die Gebrauchsgüter den Menschen in seinem Sinnen und Streben, in seinen Erwartungen und Entscheidungen beherrschen, ist seine Freiheit nachweislich bedroht. Das Freisein von Gütern – in einem gewissen Maße – ist die unerläßliche Voraussetzung des persönlichen Freiseins für Gott und die geordnete Liebe zu den Mitmenschen.

Das Nichterreichen der materiellen Güter und sachgebundenen Ziele bewirkt eine Zunahme der Unzufriedenheit des Menschen mit sich selbst, mit der Umwelt und mit den Mitmenschen. Unzufriedenheit, Mangel an Gelassenheit hemmen den Menschen in der Erfüllung seiner Aufgaben und erschweren das Kontaktnehmen zur Mitwelt. Die hektische Betriebsamkeit, die dem Standardstreben eigen ist, läßt die Muße und Ruhe nicht aufkommen. Ruhe und besinnliche Muße gehören aber so notwendig zum Menschsein und Christwerden wie Atmung und Nahrung, wie Gebet und Opfer. Das Managertum ist in seinem Ursprung und in seiner Auswirkung Flucht vor den Anforderungen der eigenen Geist-Person, des Selbst. Die pausenlose Werbung einer auf möglichst großen und schnellen Umsatz der Waren bedachten Wirtschaft verleitet zahlreiche Menschen zu unzweckmäßigen, d. h. unwirtschaftlichen Käufen, da diese Käufer der Suggestivwirkung der neuzeitlichen Werbemethoden erliegen. Der Kundenkredit unter der Devise: »Kaufen leicht gemacht« oder unter dem Motto: »Jetzt kaufen, später zahlen!« verleitet manche zu unsolidem Geschäftsgebaren bzw. zu zweckwidriger Haushaltsführung. Auf diesem Wege wird praktisch die Meinung verbreitet, daß jeder »sich alles leisten kann«. Eine naheliegende Folge sind die bekannten Fehlinvestitionen. Was der Wohnung oder der Ausbildung dienen sollte, wird für Kleidung oder Reisen ausgegeben. Auto und Motorrad, die eigentlich entbehrt werden könnten, halten die Ehen kinderlos und manche Familie kinderarm.

Der Termindruck für die Abzahlung der vereinbarten Raten beeinträchtigt häufig ein unbeschwertes Berufsschaffen und verhindert ein gelassenes und sicheres Leben. Statt dessen machen Zahlungssorgen das tägliche Leben freudlos, weil sie als Störenfriede in Ehe und Familie wirken. Um dem Termindruck zu entgehen, müssen nicht selten die Frau und oft auch die Mutter mitverdienen. Der Haushalt und besonders die Kinder werden vernachlässigt. Die dadurch entstehenden Verluste sind nicht zu beziffern, wiegen aber schwerer als jede andere materielle Einbuße.

Das Standardstreben dient zahlreichen Menschen als Kompensierung der Minderwertigkeitsgefühle, die aus der Vernachlässigung des seelisch-geistigen Lebens notwendig entstehen müssen. Eine echte, wirksame Kompensation ist indessen mit materiellen Gütern nur selten möglich, da ein Insuffizienzerleben auf die Dauer weder verdrängt noch überdeckt werden kann. *Minderwertigkeitsgefühle* zeigen oftmals an, daß der Mensch seinen *Lebenssinn nicht erkannt* und nicht erfüllt hat. Eine wirksame Behebung der Insuffizienzgefühle gelingt nur durch Anerkennung des Lebenssinnes im allgemeinen und durch Realisierung des individualen Lebenssinns. Durch rein materiell bestimmtes Zweckhandeln können Unzufriedenheit und Insuffizienzerleben weder gebannt noch aufgearbeitet werden.

Konkurrenz und Rivalität sind aus dem Standardstreben nicht wegzudenken. Ein gesunder Wettbewerb ist nicht nur im Wirtschaftsleben erforderlich, er dient auch der Ausbildung des einzelnen und fördert das Zusammenleben in Familie und Gesellschaft. Der unlautere, übersteigerte Wettkampf, der sich aus labilem Selbstwertgefühl ergibt und aus aggressivem Geltungsdrang oder aus ungezügeltem Machtstreben gespeist wird, ist im Standardstreben jedoch häufiger anzutreffen als der gesunde Wettbewerb. Was man seinem Stand, seiner Frau oder den Kindern »schuldig« zu sein vorgibt, ist häufig weder wirtschaftlich noch menschlich zu verantworten. Der Aufwand in Kleidung und Reisen wird heute oft genug mit humanen Werten (Gelassenheit, Hilfsbereitschaft, Echtheit, Ehrlichkeit, Selbstbescheidung) *zu teuer bezahlt.* Unerfüllte bzw. unerfüllbare Wünsche machen den Menschen unzufrieden und provozieren Ressentiments (Angleichungsstreben durch Herabziehen des Höherstehenden), die das Leben des einzelnen vergällen und das Miteinander in der Gesellschaft ungewöhnlich belasten. Ein von Ressentiments bestimmtes Leben ist in seinem Vollzug schwer gehemmt; die schöpferischen Kräfte sind nicht selten blockiert; Freude und Gelassenheit können nicht oder nur selten aufkommen gegen die schweren Schlagschatten der Beeinträchtigungsgefühle und des vermeintlichen Verkanntwerdens.

Eifersucht und Neid, die in Menschen aller Altersstufen und Berufsgruppen jederzeit auf der Lauer liegen, behaupten mit wachsendem Standardstreben unversehens ihren Platz im Miteinander der Menschen in Familie und Beruf. Mißgunst und Scheelsucht vertreiben die Unbefangenheit aus dem gesellschaftlichen Verkehr. Voreingenommenheit und Vorurteile trüben den Blick für die Wirklichkeit, verhindern die richtige Beurteilung des Nächsten und *entfremden den Menschen sich selbst.* Vorbehalte zugunsten der eigenen Zügellosigkeit im Standardstreben schaffen Konflikte mit dem eigenen Gewissen, hindern oder lockern die Kontakte mit den Mitmenschen und bauen unaufhörlich das Vertrauen ab, ohne das jedes personale und soziale Leben zur Qual wird. Ausreden und Lügen müssen schließlich den Schein des Gutseins und des bürgerlichen Anstandes mühsam wahren helfen. Die quälende Eifersucht raubt die Sicherheit, entzweit den Menschen mit sich selbst und den geliebten Mitmenschen und führt letzten Endes zur »Panik der Seelenmitte« (Ernst Michel). Selbstquälerei (Masochismus) und Aufsässigkeit (Sadismus) werden zu Quellen der Lust- und der Scheinbeglückung anstelle der echten Beglückung aus liebendem Miteinander und Füreinander. Aus diesen wenigen Andeutungen wird bereits erkennbar, daß das Standardstreben alle Bezirke des menschlich-personalen Lebens nicht nur berührt, sondern *desorientieren* und das soziale Miteinander *dissoziieren* kann.

III. Ethische Beurteilung des Standardstrebens

Das Streben nach dem Besitz und Genuß materieller Güter ist für die Entfaltung der menschlichen Person unentbehrlich; es ist darum in sich sittlich gut. Wesentlich für die sittliche Beurteilung eines solchen Besitz- und Genußstrebens ist jedoch die Art des Erwerbs und des Gebrauchs der Güter.

Die wiederholten Warnungen Jesu vor dem Mammon gelten dem ungeordneten Erstreben und dem unmäßigen Gebrauch der Güter, weil der Mensch zu leicht sein Herz daran verliert: »Wo dein Schatz ist, da ist auch dein Herz« (s. auch das Gleichnis vom reichen Kornbauern und vom reichen jungen Mann). Jesus fordert Unabhängigkeit von den Gütern dieser Welt, auf daß der Mensch ungehindert Gott anhangen kann. Die Hartherzigkeit der Pharisäer wird von Jesus besonders streng getadelt, weil sie eine Folge ihrer Habgier und ihres Stolzes ist.

Das Standardstreben verleitet nicht selten zu Habgier und zur Habsucht. Beide Formen des Erwerbs- und Besitzstrebens verschließen den Menschen für die Gottes- und Nächstenliebe und verhindern dazu auch eine geordnete Selbstliebe.

Der Verlust der persongemäßen Werte-Ordnung ist die zwangsläufige Folge jedes ungezügelten Strebens nach Erhöhung des Lebensstandards.

Die Grundforderung des Evangeliums lautet: Gott über alles und in allem lieben, den Mitmenschen und sich selbst um Gottes willen und zur Ehre Gottes lieben. Wer die Sachwerte an sich, unabhängig von Gott und den Nächsten, oder gar gegen Gottes Ordnung und Gebot erstrebt und sie nicht als Mittel und Stufen zum Aufstieg in die Gottesliebe benutzt, trennt sich von seinem Ursprung; er steht in der Gefahr, *den Sinn und das Ziel seines Lebens zu verfehlen.*

Jeder Mensch hat auf jeder Stufe seiner personalen Entfaltung seine spezifische Werte-Ordnung. In der Kindheit ist sie eine andere als im Jugendalter, auf der Höhe des Lebensweges hat sie eine andere Struktur als im Greisenalter. Das Hängen an den materiellen Werten gehört zur Eigenart des Kindes, weil es für die höheren seelisch-geistigen Werte noch nicht reif und empfänglich ist. Die Anlage oder Disposition für diese Wertbereiche ist im Kind zwar vorhanden, sie wird jedoch erst im Jugendalter aktualisiert und sollte im reifen Menschen zur Entfaltung gelangt sein. Begnügt der reifende und der erwachsene Mensch sich mit dem Erstreben, Besitzen und Genießen der materiellen Güter, so gelingt seine Entfaltung zur selbständigen Persönlichkeit, seine Wandlung zum Vollmenschen und zum Christen nicht. Solche Entfaltungsstörungen und Wandlungshemmungen manifestieren sich dann entweder in neurotischen Verhaltensweisen oder in mehr oder weniger schweren Neurosen. Igor A. Caruso hat die Neurose als Verlust oder Entbehrung der rechten personalen Werte-Ordnung charakterisiert und damit sicher einen wesentlichen Ursprung neurotischer Erkrankung aufgezeigt.

Verliert der Mensch die Souveränität über die Ding-Werte und Gebrauchsgüter, so büßt er auch die Herrschaft über seine Triebstrebungen ein; vielmehr hat die Vorherrschaft der Triebstrebungen die Souveränität über die materiellen Güter abgebaut. Diese Umkehr der Herrschaft im Menschen hat zur Folge, daß die Geist-Person, Vernunft und Wille zu Untertanen und Knechten der Trieb-Person werden. Der Kult des Leiblichen und Materiellen bindet die Verehrungskraft und auch das Bedürfnis für Anbetung im Menschen. Somit entsteht eine pseudo-religiöse Gesinnung und Haltung, die den Menschen, statt vor dem unsichtbaren Gott, vor *selbstgefertigten Götzen knien läßt.* Der extreme Fall des liturgieähnlichen Götzenkultes ist bei zivilisierten Völkern zwar selten geworden. Häufiger aber ist die indirekte und unbewußte Vergötzung der eigenen Werke, des eigenen Besitzes oder auch des eigenen Leibes anzutreffen. Jedes fanatische und zähe Kämpfen um einen möglichst hohen Lebensstandard bindet nahezu alle Kräfte, beschlagnahmt allen Raum und alle Zeit, so daß für die Ansprüche der Seele und der Geist-Person im Denken, Sinnen, Streben und Lieben kein Platz übrigbleibt.

Die in der Regel unbewußte Maxime des Standardstrebens lautet: *Jedem das Gleiche.* Der Grundsatz der Gerechtigkeit und der christlichen Liebe heißt aber: »Jedem das Seine oder jedem das zu ihm Passende.« Weil das Standardstreben das Wesen des Menschen, die Ordnung der Dinge und des geschaffenen Seins verkennt, läßt es den Menschen in die Irre lieben und läßt ihn so sein Ziel verfehlen. Wenn die Sachwerte über den Menschen die Herrschaft gewinnen und ihn knechtisch abhängig werden lassen, so hat er damit den Weg geordneten Lebens und gültigen sittlichen Strebens verlassen. Der im Standardstreben befangene Mensch überfordert sich und die Mitmenschen; er handelt damit ungerecht, liebt sich und die Umwelt in seinsfremder und ordnungswidriger Weise.

IV. Pädagogik und Pastoral im Zeitalter des Standardstrebens

Das Standardstreben der Erwachsenen wird von den Kindern und Jugendlichen unbesehen übernommen oder abgelehnt. Wie sollte es anders sein, da Kinder sich am Vorbild und Beispiel der Eltern orientieren? Außerdem wollen Kinder haben, was sie bei anderen sehen. Das »auch haben!« ist bekanntlich eine Reaktion bei Kindern und greisen Menschen, die in ihrer Triebstrebung ähnlich sind und darum sich gegenseitig bejahen. Sollen die Kinder von diesem Streben, haben zu müssen, was sie bei anderen sehen, frei werden, so bedürfen sie des Beispiels der Erwachsenen. Solange die Eltern sich den materiellen Gütern ausliefern, kann von den Kindern das Maßhalten nicht erwartet werden. Genaugesehen sind die Kinder die am meisten Geschädigten des unbeherrschten Standardstrebens. Da in ihnen das Haben- und Behaltenwollen wegen der Vorherrschaft der ichbetonten Trieb-Person ausgeprägt wirksam sind, so bedarf dieses kindliche Streben von frühester Kindheit an der regulativen Steuerung durch das Vorbild und Beispiel der Eltern. Agieren und reagieren die Eltern in ihrem Besitz-, Erwerbs- und Geltungsstreben hemmungslos oder unmäßig, so fehlt den Kindern und Jugendlichen das Vorbild, das sie nachbilden wollen. Das Aufbegehren und die Aufsässigkeit sind Symptome dieser Mängel.

Wo die Mutter im Dienste des Standardstrebens noch berufstätig ist, wird nicht nur sie auf die Dauer ein Opfer der doppelten Aufgabe (Haushalt und Berufstätigkeit), vielmehr entbehren die Kinder das rechte Maß an mütterlicher Pflege und Liebe (Schlüsselkinder). Der Ehemann hat eine nervöse und unbeherrschte Frau als Gattin. Die ganze Familie opfert auf die Dauer dem Götzen »Lebensstandard« das Wertvollste, das niemals ohne ernsthafte Schäden vernachlässigt oder aufgegeben werden darf.

Die Seelsorge sollte immer wieder klärend und wegweisend wirken, wie dieser ungesunde Zustand vermieden oder überwunden werden kann. Ein Verächtlichmachen oder scharfes Aburteilen des Standardstrebens wird nicht ausreichen, da zahlreiche Menschen keine Ahnung haben von den verheerenden Auswirkungen jeder sklavischen Abhängigkeit von materiellen Gütern. Ein pauschales Aburteilen, ohne genaue Darstellung der zahlreichen Formen und Unterschiede im Standardstreben, ohne psychologisch zutreffende Aufdeckung der seelischen Hintergründe solcher Verirrungen, wirkt in der Regel nicht überzeugend. Es zerschlägt das ohnehin schwache Vertrauen zum Seelsorger, verhindert das Sichbesinnen auf das geordnete Liebesstreben und verunmöglicht die Conversio. Unentbehrlich ist die vorbeugende Hilfe, wenn die Schäden in den einzelnen Menschen und besonders in den Familien nicht ins Unübersehbare wachsen sollen. Der seelsorgerliche Appell an den Verstand oder an die Vernunft genügt nicht, weil das Standardstreben gerade nicht vom Verstand gesteuert wird, sondern aus der Trieb-Person seine Wucht erhält. Die argumenta ad hominem, die raisons de cœur sollten genauestens gekannt werden und in der pädagogisch-seelsorgerlichen Beratung und Führung zur Geltung kommen.

Weil kompensatorisches Streben nach materiellen Gütern vorwiegend aus unentfaltetem oder schwachem christlichem Glauben, Vertrauen und Lieben erwächst, so gilt es, diese Grundtugenden des christlichen Lebens mit großer Beharrlichkeit einzuüben. Wer im lebendigen Glauben den dreieinigen Gott als das »summum bonum nostrum« im Blickfeld hat, wer auf Gottes Führung und Fügung fest vertraut, kann seine persönliche Erfüllung oder sein Heil niemals ausschließlich in den Sachgütern dieser Welt suchen. Wer Gott lieben lernt vor allem, in allem und über alles, kann sich unmöglich an den personwidrigen Standarddienst verlieren. Die rechte Anleitung der Erwachsenen zu lebendigem und beharrlichem Glauben, Vertrauen und Lieben im Sinne des christlichen Ethos verhilft den Menschen zu der gültigen Werte-Ordnung. Im Menschen wächst dann ein stabiles Selbstwertgefühl, das einer personunwürdigen Kompensierung durch die Sachgüter nicht mehr bedarf.

Jede menschliche Person ist auf Entfaltung und Reifung angelegt, weil sie nur auf diesem Wege zur Vollständigkeit und Vollendung gelangt. Auch das Streben nach hohem Lebensstandard zielt auf Vollständigkeit, auf Glück und Beglückung. Da es sich jedoch ausschließlich auf materielle Güter richtet, diese aber keinen Menschen letztlich erfüllen können, selbst wenn sie in großen Mengen erworben werden, so erweist sich das *Standardstreben als fehlorientiertes Liebesstreben,* dem der erhoffte Erfolg versagt bleibt. Wird jedoch der Anspruch der Geist-Person, des personalen Selbst anerkannt und erfüllt, so muß die Vorherrschaft der materiellen Güter zurücktreten hinter dem Führungsanspruch der Geist-Seele. Das ist ohne partiellen Verzicht auf Befriedigung der Triebwünsche, des Erwerbs-, Besitz-, Geltungs- und Genußstrebens nicht möglich. Entscheidend ist im Verzicht das Ja zum Nichthaben und Nichtwollen bestimmter Güter um eines höheren Wertes und vor allem um anderer Menschen willen. Im Verzicht erweist der Mensch seine *relative Unabhängigkeit von den Gütern, auf die verzichtet wird.*

Die Motive des Verzichtens können mannigfaltig sein. Man kann verzichten aus Schwäche, aus Verzagtheit, aus Verärgerung oder aus Trotz; der Verzicht kann auch aus Einsicht geschehen. Ein solcher Verzicht um höherer Werte willen kann hohen ethischen Wert haben, wenn das angestrebte Gut im Dienst der persönlichen Entfaltung steht.

Im Opfer verzichtet der Mensch im Hinblick auf Gott, auf seine Verbundenheit und Freundschaft mit ihm. Weil Gott Geist ist, kann er nur von der Geist-Person, vom Selbst des Menschen erkannt, geglaubt, verehrt und geliebt werden. Die Vital-Person kann nur unter Führung des seelisch-geistigen Selbst zu Gott gelangen. Voraussetzung ist, daß dieses Selbst, das Herz, für das Gnadenwirken Gottes offen ist. Herrscht in einem Menschen die Vital-Person, so daß das Geist-Selbst ihr dienen muß, so kann ein solcher Mensch *für Gott nicht offen sein*; er ist auch für alle höheren Werte, die zu Gott führen, wenig oder nur ganz selten ansprechbar. Verzichten und Opfern sollen den Menschen freihalten für das persönliche Einvernehmen mit Gott und mit den Menschen, für den Dienst, der in der Regel nur aus der geordneten Liebe gelingt.

Auf jeder Reifungs- und Entfaltungsstufe muß der Mensch auf jene Güter und Werte verzichten lernen, die ihn unfrei machen können in seiner unentbehrlichen Begegnung mit Gott und der Umwelt. Das ungeordnete, unmäßige und hemmungslose Streben nach materiellen Gütern fasziniert den Menschen und raubt ihm die Freiheit der Wahl und des Sichentscheidens. Gott dagegen *wahrt die Freiheit des Menschen* in allen Begegnungen, sogar in der mystischen Ekstase. Gott erstreben und besitzen bedeutet für den Menschen höchste Seligkeit (fruitio), kann ihn restlos erfüllen und befriedigen; aber das Einvernehmen mit Gott bleibt stets eine »sobria ebrietas«, während jedes Verfallensein an materielle Güter den Menschen wohl berauschen und betäuben, ihn aber niemals erfüllen, befriedigen und darum nie vollenden kann. Verzichten und Opfern sind das unentbehrliche Regulativ im Liebesstreben des Menschen. Soll der Erwachsene es können, so müssen die Kinder und Jugendlichen es beharrlich üben. Wie die Erfahrung lehrt, gelingt die Selbstbeherrschung dem Kind ohne Beispiel und Vorbild der Eltern äußerst selten, da Kinder und Jugendliche unter dem Grundgesetz jeder Bildung, des Vorbild-Nachbildens und der Beispiel-Nachfolge, stehen. In der Überwindung des ungezügelten Strebens nach höchstem Lebensstandard werden die Motive der Erzieher und der Seelsorger eine Hauptaufgabe haben. Mit Hilfe der ansprechenden und überzeugenden Motive wird selbst der ichbefangene Mensch für das stetige Liebeswerben Gottes in der Gnade sich öffnen, weil das Herz des Menschen »auf Gott hin erschaffen ist« und rastlos bleibt, bis es in Gott an sein Ziel gelangt.

Christliches Lieben durch emanzipierte Sexualität?

Das Thema fragt: Ist christliches Lieben mit *ernstgenommener Sexualität* vereinbar? Anders gefragt: Kann das Lieben des christlichen Menschen durch *persongemäße Förderung* der *geschlechtsbestimmten* Liebe besser und sicherer gelingen? Die Fragen und Forderungen der Menschen und der Gemeinschaften in der technisierten Gesellschaft der Gegenwart betreffen primär das allzeit wichtige Thema des menschlichen, näherhin des *christlichen Liebens*. Jeder Jugendliche weiß heute, daß in keinem anderen Fragenbereich die Auffassungen so *unterschiedlich*, die Mißverständnisse so *zahlreich*, die Übereinstimmungen so *selten* sind wie in der Thematik des menschlichen Liebens, speziell der christlichen Liebe. Die *Gründe* für diese Tatsachen sind nicht allein in der *Verschiedenheit der Menschen* und in den Unterschieden der Kulturen oder der gesellschaftlichen Strukturen zu suchen.

Weil die Liebe die *universalste*, alle menschlichen Lebensäußerungen tragende und *durchwaltende Kraft* ist, hätte das Thema auch lauten können: »Liebe und Besitz« oder »Liebe und Geltung« oder »Liebe und Macht«. In diesen Themen hätten nicht nur nützliche, sondern auch aufschlußreiche Erkenntnisse vermittelt werden können. Niemand würde leugnen, daß Fragen nach Besitz und Erwerb, nach Eigentumsbildung und Eigentumsverwendung die Mehrzahl der zivilisierten Menschen beschäftigt und interessiert. Niemand könnte überzeugend bestreiten, daß die Fragen nach Geltung, Machtausübung und Herrschaft dringend zu einer gründlichen Behandlung anstehen, und zwar nicht nur für den Bereich der Politik und Wirtschaft, sondern in gleichem Maße für Familie, Bildung und Berufsbereich.

Niemals hat das Streben nach Erwerb, Gewinn, nach Eigentum und Besitz so umfassend und weitreichend unter dem Verdacht oder dem Urteil der Unrechtmäßigkeit oder gar der schweren Sündhaftigkeit gestanden wie das Sexualstreben. Nicht einmal das weit gefährlichere Streben nach Geltung und Macht, das weltweite Kriege ausgelöst und in Gang gehalten hat, wurde jemals in dem Maße der Unrechtmäßigkeit verdächtigt und gezie-hen, geschweige denn unter die Sanktion der schweren Sünde gestellt, wie es dem Sexualstreben widerfahren ist, und das durch Jahrhunderte. Zur Erklärung ließe sich anführen, daß in dem Sexualstreben auch das Besitz- und Machtstreben am Werk sei. Nicht bestritten werden soll, daß in der Sexualität auch das Streben nach Gewinn und Geltung seinen Ausdruck finden kann. Bei voller Würdigung dieser psychischen Daten und Fakten

bleibt die Frage: *Ist das Sexualstreben das mächtigste* oder gar *gefährlichste* unter den genannten Grundstrebungen im Menschen?
Bei genauer Untersuchung muß man diese Frage verneinen. Wer den Menschen näher kennt, wird wissen, daß die Sexualliebe, selbst in ihren Formen des Vagabundierens und der Abwegigkeit, weder den einzelnen noch die Gesellschaft in ihrem Bestand so bedroht oder gefährdet, wie das exzessive Besitz- oder das ungezügelte Macht-Streben.
Wenn die Sexualliebe in der christlichen Ethik durch Jahrhunderte ein Übermaß an Aufmerksamkeit behauptet, zu störenden Überbetonungen und Sanktionierungen geführt hat, so scheint *ein* Hauptgrund in ihrer Bedeutung für die Fortpflanzung und Erhaltung der Menschheit zu liegen.
Verlustreiche Kriege und Epidemien ließen ganze Völker auf einen Bruchteil ihres Bestandes schrumpfen. Die starke Betonung des Zeugungszweckes in der christlichen Ehelehre hat nicht zuletzt darin ihren Ursprung. Erinnert sei an die Säuglingssterblichkeit, die bis zu der letzten Jahrhundertwende ungefähr 65 von 100 Neugeborenen sterben ließ. Die Fortschritte in der Medizin, in der Seuchenbekämpfung, der Zuwachs an Lebenserwartung für den Menschen allein in diesem Jahrhundert haben die Furcht vor einer bedrohlichen Dezimierung der Erdbevölkerung umschlagen lassen in eine *Furcht vor einer Übervölkerung.*
Ein weiterer Grund für die starke Betonung der Sexualliebe bis zur Tabuierung ist die Tatsache, daß nichts einem Menschen so nahe und eindeutig zu eigen ist wie seine Geschlechtsbestimmtheit, die zugleich Quelle und Ziel seiner Entwicklung und Entfaltung ist. Sämtliche anderen Güter: Eigentum, Gebrauchsgüter, Geltung und Machtposition werden erst später im Leben des Menschen erworben und haben somit sekundäre Bedeutung. Die Geschlechtsbestimmtheit ist von Anfang bis Ende seines Lebens sein ureigener Besitz, sein primäres Erbe, mit dem er sein Leben auf Gedeih oder Verderb bestehen muß.
Ferner ist zu bedenken, daß keine andere Eigenschaft so maßgebend über die Position eines Menschen in Familie und Gesellschaft mitbestimmt, wie seine geschlechtliche Determination als Frau oder als Mann.
Die oft genannte Lustkomponente, die mit der geschlechtlichen Betätigung verbunden ist, hat nach diesen Erkenntnissen einen sekundären Rang. Sie ist zu Unrecht an die erste Stelle gerückt, zumal Besitzen, Erwerben, Gewinnen, Herrschen und Gelten einzeln und insgesamt nach dem Urteil erfahrener Menschenkenner eine tiefere und dauerhaftere Lust bereiten und ein größeres Maß an Beglückung beinhalten als die Sexualliebe.
Trotz dieser Fakten und Daten wurde das Thema »Liebe und Sexualität« in der Gegenwart dominierend, weil es Fragen nach dem Ursprung des Menschen und nach dem Gelingen seines Lebens enthält, die am Anfang jeder Entfaltung menschlichen Liebens stehen und darum vorrangig gültige Beantwortung beanspruchen müssen. Bei der Vielseitigkeit und Multiva-

lenz der umfassenden Liebesthematik mußte notwendig eine Auswahl getroffen werden.
Darum stellt sich in diesem Zusammenhang die Frage: Wie kann die Sexualität oder Geschlechtsbestimmtheit in dem sehr differenzierten Lieben des Menschen zu ihrem Recht, zu der ihr gebührenden Anerkennung gelangen? Diese Frage enthält die Feststellung, daß die geschlechtlich bestimmte Liebe in der christlichen Ethik und Moraltheologie der vergangenen Jahrhunderte aus unserer heutigen Sicht entweder *unter-* oder *überbewertet,* jedenfalls *fehlbewertet* worden ist. Für die gegenwärtige Betonung einer vagabundierenden Sexualliebe, die unverkennbar alle Merkmale einer Reaktion oder psychischen Eruption erkennen läßt, können zahlreiche Ursprünge und Motive genannt werden: z. B. die dualistische Auffassung vorchristlicher Gnosis, die leibfeindlichen Lehren manichäisch-montanistischer Herkunft, pseudochristliche Vollkommenheitsideale, legalistische aszetische Alternativforderungen, jahrtausendealte Verkennung oder Unterschätzung der Frau und die damit einhergehende Fehlbewertung des Mannes als Reaktion auf die jahrtausendealte *verfehlte seelische Entbindung* des werdenden Mannes von seinem leiblichen Ursprung – der Mutter. Mit der in diesem Jahrhundert erfolgten sprunghaften technischen Entwicklung drängte die vielseitig akkumulierte Problematik in die entscheidende Forderung nach Klärung der anthropologischen Fragen und nach Erfüllung der schon längst überfällig gewordenen Forderungen, von denen hier nur die wichtigsten genannt werden sollen:
1. Die obsedierende *sexuelle Frage* ist das vieldeutige Syndrom oder Zeichen einer rationalistischen oder voluntaristischen *Verkennung des Menschen.*
2. Die *vagabundierende Sexualität* symptomatisiert einen für den Menschen unerträglich gewordenen *Mangel* an persönlich umfassender Bejahung durch adäquates *Lieben* oder *Geliebtwerden.*
3. Das Verkennen des menschlichen Werdens und Reifens in der Liebe und durch das Lieben hat eine stetig wachsende Zahl von Frauen und Männern in *Reifungsverzüge* oder in einen Nachholbedarf gedrängt.
4. Das *Vorurteil* von der *selbsttätigen,* ohne Assistenz gelingenden Liebe hat sich in allen Bereichen, vorab in der Ehe, störend und desorientierend ausgewirkt. Für dieses hartnäckig sich haltende Vorurteil sind nicht primär theologische Lehrmeinungen verantwortlich.
5. Die *Fehleinschätzung* der *Mutter-Kind-Bindung* hat zunächst die christliche Monogamie praktisch, nicht theoretisch, in Frage gestellt.
6. Die wegen ungelöster Mutter-Kind-Bindung, wegen Eltern-Kinder-Fixierungen menschlich nicht zustandegekommenen Ehen zeitigten in sich *verstrittene Familien.* Hauptbedingung für das Zustandekommen und Gelingen einer Ehe ist die *seelische Ehefähigkeit* der Partner, ihr Gelöstsein von den Eltern.

7. Der seelsorgliche Versuch über eine *rigoristische Sexualethik* den sogenannten schwachen Ehen aufzuhelfen, mußte naturgemäß scheitern.
8. Das *Ausweichen* in den jungfräulichen *Ordensstand* oder in den zölibatären *Priesterdienst* vermochte mittels einer repressiven Aszese für einige Jahrhunderte das Defizit an echter ehelicher Liebe zu überdecken, jedoch die menschlichen Probleme der ehefrei Lebenden nur interimistisch zu lösen.
9. Die ungelösten menschlichen *Reifungsprobleme,* primär die Unfähigkeit gültig sich selbst, die Mitmenschen und Gott zu lieben, störten nicht nur die Ehen, sondern in wachsendem Maße auch die Menschen in ehefreiem Ordensstand und Priesterdienst.
10. Die Unfähigkeit zu lieben behinderte gleichzeitig das vertrauende *Hoffen,* hemmte zudem die Entfaltung des *Glaubenkönnens.* Was Menschen versäumt oder nicht gekonnt hatten, wurde dem unsichtbaren Gott angelastet. Damit waren die Einsamkeit und das Sichverlassen-Fühlen ungezählter Menschen nahezu perfekt.
11. Das Aufbegehren der Ehefreien im Ordens- und Priesterstand, das eindeutig die Merkmale der menschlichen Reifungsverzüge, der neurotischen allseitigen Entfremdung trägt, hat nicht nur die Frage nach der Ehe, vielmehr die *Frage nach dem Menschen* eindeutig und unverkennbar in den Vordergrund und in den Mittelpunkt des Fragens und Forderns gerückt.
12. Wenn Verheiratete jährlich in großer Zahl aus den nicht zustandegekommenen Ehen scheiden, Unverheiratete trotz ihres Wissens um die sogenannten Ehen durch Eheschließung aus ihrer Werdenot herauswollen, hinausstreben, so ist die Frage berechtigt: *Wissen diese Menschen* eigentlich, *was sie wollen oder wen sie suchen?*
Aus diesen Erkenntnissen, die täglich nachweisbar und belegbar sind, ergeben sich die folgenden Fragen, die konkrete, nicht hypothetische Antworten mit allem Nachdruck fordern:

1. *Ist das christliche Gebot der Bruder-, Gottes- und Selbstliebe eine* UTOPIE *oder eine menschliche* REALISIERBARE FORDERUNG?
2. *Gibt es* WEGE *und* PERSONALE HELFER *zu der stadiengemäßen Verwirklichung dieses christlichen Liebens?*
3. *Wie vermag die angemessene Anerkennung der geschlechtsbestimmten Liebe, der Sexualität und des Eros, dem christlichen Lieben im Leben der getauften Menschen zum* GELINGEN *zu verhelfen?*

Die dritte Frage scheint im Mittelpunkt dieser Untersuchung zu stehen. Eine Beantwortung dieser dritten Frage wäre jedoch unbefriedigend, wollte man sich die Stellungnahme zu den zwei ersten Fragen ersparen. Wie die Experimente in der Sexualliebe aller Jahrhunderte und Kulturen,

besonders die vagabundierende Sexualität in diesem Jahrhundert erwiesen haben, ist die Lösung der sexuellen Frage in isolierter oder kurzschlüssiger Theorie und Praxis nicht zu finden. Alle Detail- oder Partiallösungen, die von dem *personalen Wesen des Menschen* mit den unerläßlichen Du- und Wir-Beziehungen absehen, sind nachweisbar bisher gescheitert. Der Hauptgrund dafür ist die Tatsache, daß jede desintegrierte Triebliebe, sei es zu Besitz, Macht oder Genuß, zwangsläufig vagabundiert und nur die höheren Formen der Eros- und Agape-Liebe die unentbehrliche Treue garantieren.
Wer der Sexualität zu ihrem unbestreitbaren Recht, zu ihrem angemessenen Platz im Leben des Menschen, auch des christlich liebenden Menschen verhelfen will, wird zu allen drei gestellten Fragen eine heute gültige Antwort suchen müssen. Eine philosophische oder theologische definitorische Antwort würde ebenso unergiebig und unbefriedigend sein, wie eine rein biologische, soziologische oder medizinische Auskunft.

I. Christliche Bruder-, Gottes- und Selbstliebe: Utopie oder realisierbare Forderung?

Die Propheten des Alten Bundes fordern mit Nachdruck nicht nur die Furcht vor Jahwe, sondern auch die liebende Antwort auf die sorgende Liebe Jahwes. Die *Botschaft Jesu,* die Schriften der Apostel und Evangelisten bezeichnen eindeutig die *Liebe zu Gott* und die *Liebe zum Nächsten wie zum Selbst* als das große, als das *Hauptgebot.*
Wie dieses Gebot, das dem Wesen jedes Menschen entspricht, in den wechselnden Situationen des Lebens, in den unterschiedlichen Epochen der Geschichte erfüllt werden konnte, wurde seltener gefragt; offenbar weil die menschlichen Begegnungen und Beziehungen in Familie und Berufsleben noch selbstverständlicher waren als seit der zunehmenden Industrialisierung und Technisierung. *Begründung* und *Wegweisung* in der Erfüllung des *Liebesgebotes* blieben den jeweiligen Epochen und den unterschiedlichen Gemeinden überlassen.
In der Missionierung und in dem Gemeindeleben der sogenannten christlichen Jahrhunderte wurde entweder nach der Liebe zu Gott oder vorwiegend nach der Bruderliebe gefragt. Wie die christliche Selbstliebe in dem Werdeprozeß des Menschen gelingen kann, war nicht eine ausdrückliche Frage an die Moraltheologie. Nach der Selbstliebe wurde in der Aszetik der Mönchsgemeinden und des Klosterlebens geforscht.
Heute ist primär die *Bruderliebe* umforscht und gefordert. Die Liebe zu Gott soll sich aus dieser praktisch geübten brüderlichen und schwesterlichen Liebe ergeben. Die geordnete Selbstliebe wird nicht mehr als egozentrische Ich-Liebe mißverstanden. Sie wird vielmehr als Ertrag einer beständig geübten Du- und Wir-Liebe direkt angestrebt.

Auf die Frage nach der Möglichkeit und nach dem Wie christlichen Liebens hat die Strukturpsychologie seit ungefähr 30 Jahren zwei Hauptbedingungen für die Entfaltung personalen Liebens herausgestellt:
a) die *emotional-kardiale Mitte* der menschlichen Person, in der die Liebe geweckt und unter Mitwirken aller leiblichen und seelisch-geistigen Kräfte entfaltet wird.
b) Diese Anthropologie hat die Unentbehrlichkeit der Begegnung mit den Mitmenschen und der Beziehungen zu den *acht Grundgestalten des Familienlebens* nachgewiesen (Mutter, Vater, Schwester, Bruder; Frau und Mann als Ehepartner, Tochter und Sohn). Aus der Erfüllung dieser zwei Voraussetzungen entsteht, kooperativ mit der Gnade, die gültige Liebe zu Gott, zu Jesus Christus und zu seiner Kirche.
Als *utopisch* oder *unrealisierbar* erscheint dieses christliche Lieben *jenen Menschen,* deren Personmitte unentfaltet, darum nicht des Glaubens, Liebens und Hoffens fähig ist; ferner allen jenen Menschen, deren Beziehungen zu den genannten Grundgestalten gestört wurden oder unentfaltet geblieben sind. Die anthropologisch-psychologischen und soziologischen Bedingungen für die Realisierung des christlichen Gebotes der Liebe, für das Gelingen menschlichen, christlichen Liebens sind heute besser gekannt und vermittelt als in früheren Jahrhunderten. Gefragt wird ebenso deutlich, wie diese Bedingungen (kultivierte Personmitte und gesunde Familienrelationen) garantiert werden können und so zu der Verwirklichung des Liebens beitragen. Das *Wie des Realisierens* ist nachdrücklicher gefragt als die Fähigkeit zur Liebe überhaupt. Die grundsätzlichen Aussagen zu dem Hauptgebot der Liebe sind aus den Untersuchungen über Eros, Liebe, Ehe im Alten und Neuen Testament zu erwarten.

II. Gibt es Helfer in der Entfaltung christlichen Liebens?

In diesem Zusammenhang müssen einige Hinweise genügen, weil in den Publikationen über Ehe und Familie diese Helferinnen und Vorbilder für christliches Lieben näher charakterisiert werden. Genannt werden müssen hier an erster Stelle die Eltern. Verständlich ist, daß die Mutter-Kind-Beziehung nicht nur zeitlich, genetisch, die erste Stelle einnimmt. Die Mutter dient dem Wachsen und Werden des geschlechtlich bestimmten Kindes in persönlicher Symbiose. Darum weiß sie vom leiblichen Leben des Menschen am meisten – nicht im naturwissenschaftlichen Sinn verstanden. Zwar hat sie ein Wissen um Leiblichkeit und geschlechtliche Liebe von ihren Eltern und Lehrern, nicht selten als lastende Hypothek, mit in die Ehe gebracht. Aber sie bedarf der gültigen Liebe ihres Ehepartners, der allerdings auch seine Urteile, Vorbehalte oder Vorurteile aus seiner Ursprungsfamilie mit in das Eheleben gebracht hat.

Alle Fragen nach Stellung und Wert der Sexualität implizieren ein indirektes Fragen nach den Eltern und nach ihrer Ehe. Wie vielgestaltig und obsedierend heute nach der Gestalt des Vaters als Garant der in relativer und relationaler Freiheit sich entfaltenden Liebe der Kinder und der Jugendlichen gefragt wird, braucht hier lediglich angedeutet zu werden. Eine Zeit, die so nachdrücklich über alle fünf Sinne des Menschen und über alle Kanäle der Kommunikation nach der Geschlechtsliebe fragt, ist leicht als reaktiv oder reaktionär gegen jeden Patriarchalismus und Paternalismus zu erkennen. Die Tiefenpsychologie von S. Freud bis L. Szondi liefert beachtliche Erklärungen dafür.
Wie Brüder und Schwestern dem von den Eltern sich lösenden Jugendlichen in der Entfaltung des Liebens helfen können und sollten, wird heute in zunehmendem Maße anerkannt und durch gutgeplante Gruppenbildung gefördert. Die Nachholbedarfe hinsichtlich der Bruder-Bruder-, der Bruder-Schwester- und der Schwester-Schwester-Relationen treten so markant zutage, daß sie sogar in den religiösen und kirchlichen Gemeinschaften nicht mehr zu verkennen sind.
Die kompensatorische Bedeutung der Freundschaft kommt nur zögernd in die Überlegungen zu den notwendigen Hilfen für den reifenden Menschen. Desto häufiger wird die partnerschaftliche Liebe in der Ehe untersucht und beschworen.
Die neueren sozialanthropologischen Forschungen untersuchen den Weg des Menschen vom Sohn- bzw. Tochter-Sein und Eltern-Haben zu dem Eltern-Sein und Söhne- und Töchter-Haben. Diese Untersuchungen könnten der Entfaltung menschlichen und damit auch des christlichen Liebens die überfälligen Ermutigungen vermitteln.

III. Sexualität und Eros in der Entfaltung christlichen Liebens

Die Frage lautet auch hier, *wie*, nicht *ob* die geschlechtliche Liebe des vielgestaltigen Eros in dem Lieben des Christen wirksam werden kann, damit das Leben mit den zahlreichen Wandlungen gelingt.

a) Als erstes ist zu fordern eine *ermutigende Bejahung der luststrebigen Liebe des Kindes.* Die das Leben erhaltende und fördernde Lust in Ernährung, Bewegung, Spiel, im Gebrauch der fünf Sinne sollte weder verdächtigt noch zu früh oder rigoristisch in Zügelung genommen werden. Der Vorwurf der *Lustfeindlichkeit* in der christlichen Erziehung ist nur *partiell zutreffend* und überdies nicht das Entscheidende. Wichtiger ist

b) *die richtig gelebte eheliche Liebe der Eltern.*
Diese komprehensive, den ganzen Menschen bejahende und fördernde Liebe der Ehepartner steht nicht am Anfang des ehelichen Lebens, weil

beide Ehepartner sich erst aus der täglich erlebten Nähe kennen, annehmen und *lieben lernen müssen.* Das gefährlichste Vorurteil für Ehepartner ist die Annahme, man kenne und liebe sich in vollendeter Weise; zu lernen gebe es nichts mehr. Sofern die geschlechtliche Begegnung gelinge und Befriedigung bringe, sei alles in bester Ordnung. Daß der beglückende Eros etliche Stufen kennt, die *leibliche Unio* eine zwar wichtige, jedoch *nicht die wichtigste* ist, wird zwar von manchen Eheleuten theoretisch gewußt, jedoch erst später voll erkannt. Jede einseitige Betonung der Zeugung von Kindern verkennt die Ehe als hohe Schule christlichen Liebens. Das Zweite Konzil im Vatikan hat die Liebe der Ehepartner als gleichermaßen zu fördernden Wert und Sinn der Ehe neben der Zeugung von Kindern anerkannt. Die Pflege und Förderung dieser Liebe in der Ehe erfordern von Seelsorgern, Ärzten, Eltern und Erziehern ein bisher nicht gekanntes Maß an Menschenkenntnis und permanenter Bildungsarbeit. Hier sollte vorrangig betont werden:

c) *Die Sicherung der geschlechtlichen Liebe durch den beglückenden Eros.* Die Liebe des Eros sieht die Partnerin und den Partner in ihren wesenseigenen Fähigkeiten und Anlagen, bejaht sie mit ihren spezifischen Rechten und Pflichten. Sie macht den Liebenden entschlossen und fähig zu dem Dienen und Helfen, die dem Du und dem Wir, dem Miteinander und Füreinander die Ermutigung und die Beharrlichkeit sichern. Dieser Eros *sagt* nicht nur *du,* sondern *steht für sie oder ihn ein,* und zwar in allen Situationen des Lebens, in allen Stadien des Reifens und Älterwerdens. In einem Verharren auf der niedrigsten Stufe des Eros, d. h. in der vorwiegend leiblichen Einigung, besteht die Gefahr der unwillkürlichen, aber faktischen Ichbetonung, und zwar nicht nur im Mann. Die Frau sehnt sich und verlangt nach dem beseelten Eros, d. h. nach jener Liebesbezeugung, die nicht nur du sagt, sondern auch das frauliche Du meint und bejaht. Der Mann ist zwar auch zu dieser Eros-Liebe fähig, jedoch selten aus eigenem Antrieb. Er lernt und übernimmt diese fraulich beseelte Liebe von der Frau, weil von Natur die *Frau für Vertrauen und Lieben besser disponiert* und darum kompetenter ist als der Mann. Darum sollte in der Entfaltung des menschlichen Liebens, sowohl für Erziehung und Bildung als auch in der Ehe, *der Frau* der inspiratorische und formgebende *Vorrang* ohne Vorbehalte gehören. Die einzige Vorbedingung wäre, daß sie in ihrem Leben der *anima* und nicht dem *animus* die Führung zuerkennt und dieser anima in der *Intuition* den Spielraum gibt. In den Fragen des mehrstufigen, gestaltreichen Eros hat die christliche Sexualethik bisher keine überzeugenden Antworten gegeben, wahrscheinlich, weil das Wissen der Frau um den beseelten Eros nicht oder nur schwach ausgesagt worden ist. Wie die Erfahrungen in Ehe- und Lebensberatung ausweisen, reifen und gelingen jene Ehen am besten, in denen in Vertrauen und Lieben die Frau tonangebend ist, der Mann im Glauben und Gehorchen vorbildend wirkt.

d) *Die Integration von Menschen- und Gottesliebe.*
In den Offenbarungsurkunden und in der Geschichte der christlichen Theologie lassen sich die zwei Wege von der Gottesliebe zur Menschenliebe und von der Menschenliebe zur Gottesliebe nachweisen. Die Integration dieser zwei Wege in der Erfüllung des Hauptgebotes ist zwar oft versucht worden, jedoch nur vereinzelt gelungen. Wie Gott den Menschen liebt, ist am deutlichsten sichtbar, vernehmbar geworden in der Botschaft und in dem Lebensweg Jesu Christi. Die Antwort auf diese Botschaft von der universalen Liebe und auf das Leben und Sterben Jesu von Nazareth ist von Anfang an als Zumutung oder als Überforderung von zahlreichen Menschen abgelehnt, von zahlreichen anderen, Frauen und Männern, überzeugend gelebt worden. Glauben und Hoffen wurden von jeher als Bedingung für die Antwortliebe des Menschen erkannt. Da diese zwei Urfähigkeiten in ungezählten zivilisierten Menschen trotz Taufe und missionarischer Seelsorge unentfaltet blieben oder sich desorientiert entwickelten, erhebt sich seit einigen Jahrzehnten nicht nur die Frage, *wie* Menschen zu wirksamem Vertrauen, zu gültigem Lieben und zu einem bewährten Glauben gelangen können. Aus der modernen Menschenkunde um die unersetzliche Mittler- und Stellvertreteraufgabe jedes Menschen wissend, wird der glaubende und der vertrauend hoffende Mensch als Helfer in dem Nachholprozeß jugendlicher und älterer Menschen angefordert. Auf mannigfaltigste Weise, in erstaunlichem Einfalls- und Formenreichtum werden heute *gültige Vorbilder* und beharrliche Helfer für das *Gelingen christlichen Liebens gefordert.*

IV. Die Frage nach der Kompetenz der Theologen

Wer ist in der Beantwortung menschlichen Fragens nach dem Gelingen menschlichen Liebens in seinem lebenslang währenden Reifungsprozeß kompetent oder zuständig? Zuerst sind es die Eltern, besonders die Mutter, sodann jeder bereitwillig, möglichst unvoreingenommen Sehender, der nach bestem Willen die Menschen in ihrer Verschiedenheit und Ähnlichkeit zu sehen und anzunehmen bereit ist. Solche Kenner und Freunde des Menschen gibt es in allen Altersstufen und Berufen. Kein Beruf oder Stand als solcher hat eine vorrangige und erst recht nicht eine exklusive Zuständigkeit in den Fragen des menschlichen und des christlichen Liebens.
Aber hat nicht das Lehramt der Kirche, haben nicht Theologen in den vergangenen Jahrhunderten eine vorrangige oder gar eine verbindliche Kompetenz beansprucht und praktiziert? Solange die Humanwissenschaften noch nicht so entwickelt, zu dem gegenwärtigen Stand gelangt waren, blieben der Theologie und den Kirchen diese Aufgaben gestellt.
Mit der Emanzipation der differenzierten Wissenschaft, speziell der Naturwissenschaften, wurden die Aussagen der Theologie über den Menschen,

über Ursprung, Sinn und Ziel seines Lebens relativiert, korrigiert und entsprechend finalisiert. In diesem Prozeß einer Neuorientierung, Neubegründung und Finalisierung stehen nicht nur die theologischen Aussagen über christliches Hoffen, über menschliches Glaubenkönnen und christlichen Glauben. Viel früher und dringender wurde nach gültigen Aussagen und Wegweisungen hinsichtlich der *sittlichen Grundkraft menschlichen Liebens* direkt und indirekt gefragt.
Wie hat die Theologie oder wie haben die Theologen auf diese Fragen geantwortet? Die Mehrzahl mit herkömmlichen definitorischen, einige mit philosophischen, andere mit anthropologischen Antworten. Menschenkundige Theologie, speziell Moraltheologie, wird sich in ihren Aussagen und Forderungen hinsichtlich menschlichen und christlichen Liebens stets vor drei Extremen hüten müssen:

a) vor Vereinfachungen (Simplifizierungen),
b) vor Verallgemeinerungen (Generalisierungen),
c) vor Perpetuierungen oder Verewigungen von Forderungen, die in der Regel als Kontinuität irrtümlich deklariert wurden. Insgesamt gilt es, jede Übertreibung in Forderung, Schuldfeststellung und Wiedergutmachung zu vermeiden.

Die Kompetenz der Theologie in Problemen der Liebe und des zu integrierenden Eros reicht so weit, wie sie die unveränderlichen *Grunddaten menschlichen Personseins* mit den *situationsbedingten Forderungen* der Menschen in Einklang bringen kann. Dabei wird jede Theologie den variantenreichen Erwartungen in den Entfaltungsstadien des auch sozialbedingten Reifungsprozesses der Menschen entsprechende Beachtung schenken, sofern sie ernst genommen werden will. Jede Kurzschlüssigkeit und permissive Einseitigkeit in Forschung, Lehre und Leben gehen zu Lasten der Menschen und werden von diesen mit Recht zurückgewiesen.
Wer mit dem Hinweis auf einzelne Verlautbarungen des kirchlichen Lehramtes in Fragen der Ehemoral und des christlichen Liebens von der »Weltfremdheit« oder von der »Menschenfeindlichkeit« katholischer Sexualmoral spricht oder schreibt, bekundet zwar sein Interesse an »der Kirche« oder an ihren undifferenzierten Forderungen. Aber eine gründliche Kenntnis der seit mindestens 40 Jahren im deutschen Sprachraum vertretenen Ethik menschlichen Liebens und christlicher Ehemoral könnte solchen Kritikern oder Anklägern nicht bescheinigt werden. Die mit solchen Kritiken und Ablehnungen implizit gestellten Fragen und indirekten Forderungen sind indessen viel ernster zu nehmen, als es bisher von Theologie und Seelsorge geschehen ist. In dieser Thematik um Liebe in Ehe und Familie wird man weder bei vordergründigen Symptomschilderungen noch bei kurzschlüssigen Forderungen nach Verhaltensformen stehenbleiben. Wollte man das, so bestände die Gefahr, daß die berech-

tigten Anforderungen von menschenkundigen Helfern für menschlich-christliches Lieben nicht überzeugend herausgestellt würden.
Wer endgültige Lösungen erwartet, würde verkennen, daß der gegenwärtige Klärungsprozeß sich mit den Urfragen menschlichen und christlichen Lebens befaßt, die sich jedem Menschen und jeder Generation neu stellen.

Psychogene Unfähigkeit zu Ehebund und Eheleben

Einleitung

In der kirchenrechtlichen Frage nach der Gültigkeit eines »matrimonium ratum et consummatum« stand der Consensus der Partner bisher im Mittelpunkt der Untersuchung. Da jeder Consensus zwischen zwei rechts- oder vertragsfähigen Personen ein psychologischer Vorgang ist, so war damit die psychologische Fragestellung in den Eheprozessen von jeher wirksam. Bei der Untersuchung der Konsensmängel kam man ohne ein bestimmtes Maß an psychologischen Kenntnissen nicht zu einem gültigen Urteil.

Da es recht verschiedene Arten und Methoden psychologischer Forschung und Aussage gibt, stellt sich die Frage: Welche Psychologie lag der eherechtlichen Begründung, dem prozessualen Erforschen der Daten und Fakten, ferner der Urteilsbildung zugrunde? Es besteht kein Zweifel, vielmehr Einigkeit in der Überzeugung, daß die Psychologie des Aristoteles und des heiligen Thomas von Aquin maßgebend war. In dieser Bewußtseinspsychologie waren Intellekt und voluntas, ratio und passiones animae als die seelischen Elementarfähigkeiten anerkannt. Gefühl und Gemüt, Imagination oder Phantasie, vor allem das Unbewußte wurden als selbständige und wirkmächtige psychische Potenzen noch nicht herausgestellt. Dafür wurden in der Tugendlehre die vier Kardinaltugenden: Gerechtigkeit, Klugheit, Tapferkeit und Maß, ferner die drei göttlichen Tugenden: Glaube, Hoffnung und Liebe um so ausführlicher behandelt.

Beachtenswert ist, daß der heilige Augustinus in den Confessiones, Buch X, Kap. 8–27, in einmalig ausführlichen Untersuchungen sich mit der »memoria« befaßt und Erkenntnisse niedergeschrieben hat, die auch den Psychologen dieser Zeit überraschen. Auch in den Schriften des heiligen Bonaventura finden sich psychologische Aussagen, die man bei Thomas vermißt.

Welche Gründe gibt es für diese Verschiedenheit? Außer der Typusverschiedenheit der genannten und anderer Autoren ist die Fragestellung des Zeitalters beziehungsweise der Menschen mitbestimmend für die philosophischen und theologischen Aussagen. Gefragt war nach dem Was, Warum, Woher und Wozu. Die Frage nach dem *Wie*, besonders in dem Vollzug des Lebens, in der Erfüllung des Geforderten oder des Gesollten, wurde selten ausdrücklich gestellt, weil sie durch das Vorbild und Beispiel gelebten Lebens beantwortet wurde.

In dem Maß, wie diese Vorbilder und Beispiele in die Irre, in den Irrtum führten oder ausfielen, erhoben sich die Fragen nach dem *Wie* menschlichen und christlichen Lebens. Der Primatenstreit des hohen Mittelalters zwischen Duns Scotus und Thomas (ob dem Willen oder dem Verstand der Vorrang gebührt) signalisiert eine Entwicklung, die bis in dieses Jahrhundert hineinwirkt.

In wachsender Dringlichkeit fragt die Philosophie nach dem Menschen, nicht weniger die Theologie, besonders seit den Reformatoren Luther, Calvin und Zwingli, seit Erasmus von Rotterdam. Die Aufklärung in England, Frankreich und Deutschland steht eindeutig unter dem Imperativ dieser Frage. Seit Hegel ist die Philosophie zur Anthropologie geworden, wie L. Feuerbach, K. Marx, Soeren Kierkegaard, Arthur Schopenhauer und Friedrich Nietzsche deutlich genug ausweisen.

Die Romantik (Tiek, Hardenberg [Novalis], besonders Carl Gustav Carus) sind als Gegenbewegung zu dem Rationalismus der Aufklärung zu werten.

Die ersten Zeichen für den Aufbruch des Unbewußten finden sich bei L. Feuerbach, K. Marx und S. Kierkegaard, deutlicher noch bei C. G. Carus und Friedrich Nietzsche.

Mit Sigmund Freud, Alfred Adler und C. G. Jung gelingt in der wissenschaftlichen Forschung der Durchbruch der Tiefenpsychologie oder der Psychologie des menschlichen Unbewußten. Die Widerstände gegen die neuen Erkenntnisse vom Menschen sind in den Kreisen der medizinischen Forschung und der Theologen am stärksten, weil man die herkömmlichen Auffassungen vom Menschen und von seinen gesellschaftlichen Verpflichtungen bedroht sah. Nachdem Ehe und Familie nach den zwei Weltkriegen in schwerste Bewährungsproben gerieten, das kirchliche und religiöse Leben sich vor unlösbaren Problemen sah, begann das Fragen nach den Ursprüngen der Rat- und Hilflosigkeit in Erziehung und Bildung. Der hemmungslose Aufbruch der drei Grundstrebungen im Menschen, nach Erwerb und Besitz, nach Geltung und Macht, nach Genuß und erotischer Liebe beherrscht seit ungefähr 25 Jahren das private und öffentliche Leben in den Gesellschaften und Völkern der vermeintlich freien westlichen Welt. Die sozialistisch und kommunistisch regierten Völker des Nahen und Fernen Ostens leiden kontrastierend unter ähnlichen Zwängen aus den drei genannten desorientierten Grundstrebungen im Menschen.

Das pervertierte Besitz-, Geltungs- und Genußstreben in den relativ oder äußerlich freien Demokratien des Westens und die scheinbare Gleichstellung durch sozialistisch-kommunistischen Machtmißbrauch in den Volksrepubliken des Ostens sind die zwei Seiten derselben Medaille oder die zwei Extremformen personal-sozialer Verbildung des Menschen.

Auf diesem geschichtlichen und gesellschaftlichen Hintergrund ist das folgende Thema zu sehen und zu beantworten:

In drei Schritten sollen die Fragen des Themas angegangen und nach Möglichkeit beantwortet werden:

1. Wie manifestiert sich psychische Unfähigkeit zu Ehebund und ehelichem Leben?
2. Wo liegen die Ursprünge für diese Eheunfähigkeit?
Psychologisch-anthropologische Klärung der menschlichen Reifungsverzüge oder Blockaden.
3. Gibt es Wege und Helfer zur Behebung der Eheunfähigkeit?
a) durch Erziehung, Therapie und Pastoral,
b) durch Rechtsfindung, Normbildung, Rechtsprechung.

1. Wie manifestiert sich psychische Unfähigkeit zur Ehe?

Ehe ist in christlichem Vollsinn die in dienender Liebe radizierende Lebensgemeinschaft einer innerlich und äußerlich freien Frau mit einem ebenso freien Mann, die eine Entwicklung zu einer Familie intendiert. Wo die Entwicklung einer Ehe zur Familie aufgrund der natürlichen Daten unmöglich ist, dient die Ehe dem lebenslangen Entfaltungsprozeß der Ehepartner und als Bild gelebter Liebe auch der Gemeinde in Staat und Kirche. Mit dieser Aussage sind die Bedingungen für eine psychische Ehefähigkeit genannt:
a) daß eine Frau, äußerlich frei, d. h. dem Kulturbereich entsprechend – relativ und relational – frei ist;
b) daß diese Frau, psychisch entbunden von ihren Eltern, zu ihrem Frausein und Frauwerden steht, d. h., daß sie den Mann, mit dem sie in Ehe leben will, als *Mann,* d. h. als Partner und als *Vater* der eventuell aus der Ehe hervorgehenden Kinder bejaht – ohne Vorbehalte.
c) Um diese Doppelaufgabe einer Ehepartnerin und einer Mutter innerlich bejahen und dem Lebensalter entsprechend erfüllen zu können, muß die Frau beides in der Ehe ihrer Eltern vorgebildet erlebt oder stellvertretend an einer anderen Ehegemeinschaft gesehen haben. Waren die Erfahrungen oder Eindrücke von der Elternehe schwach oder negativ, so ist damit bereits ein sehr starkes Hindernis für das Ehefähigwerden einer Tochter aufgebaut. Das Elternerleben einer solchen Tochter geschieht in Zwiespältigkeit und in Widerstreiten, die für den seelischen Entfaltungsprozeß der Tochter unter Umständen nicht nur schwere Belastungen, vielmehr Retardierungen und Blockaden bewirken können und in der Regel bewirken. Die im Kind angelegten Urfähigkeiten: Trauen, Zutrauen, Vertrauen, Lieben, Glauben, Gehorsam können in einer schwachen oder verstrittenen Elternehe nicht zu der altersgemäßen Entfaltung gelangen,

weil das schwache oder negative Vorbild der Eltern als dauernder Störfaktor wirkt (Bild- und Tonstörung im Rundfunk!).
d) Eine weitere Bedingung für das Ehefähigwerden ist das gesunde Erleben der Geschwister, des Bruders und der Schwester, also der horizontalen Relationen. Der Bruder, als der Mann im Werden, in der Entfaltung, zeigt der Schwester die Eigenart und Besonderheit männlichen Wesens und umgekehrt. An der jüngeren oder älteren Schwester erlebt die Tochter die Wesensart der werdenden und reifenden Frau. Für das *Sicherkennen, Sichannehmen* und *Sichwandeln* sind diese Geschwistererfahrungen unentbehrlich, weil die »sozialen Spielregeln«, das Füreinander, Miteinander und Gegeneinander, die Solidarisierung auf diesem Wege primär eingeübt werden. Für die unerläßliche *seelische Entbindung* einer Tochter oder eines Sohnes von den Eltern sind die Geschwister ebenso unentbehrlich wie die Elterngestalten für die ersten Lebensjahre des Kindes. Fallen die Geschwister aus oder imitieren sie untereinander das Verhalten der verstrittenen Eltern zueinander, so sind *Pubertät* und *Adoleszenz* schwer und permanent gefährdet; der Reifungsprozeß sistiert oder regrediert, oder er gerät in eine Blockade.
Die mit ihren Eltern und Geschwistern verstrittenen Töchter und Söhne suchen schon früh nach *Stellvertretern* für die ausgefallenen oder nicht zusagenden Eltern oder Geschwister. Dieses Suchen geschieht in mannigfachen Formen des *Auffälligwerdens:* Sprechstörungen, Lernschwierigkeiten, Unfallbereitschaft, Lügen, Naschen, Stehlen, Gewalttätigkeit, Rauschgiftgebrauch, Erkrankung und als äußerstes der Suicidversuch; Horden- und Bandenbildung als Versuche, die fehlenden Geschwister stellvertretend zu erleben.
Die genaue Diagnose kindlichen Fehlverhaltens oder der Herausforderungen Jugendlicher führt in allen Fällen zurück in das Elternhaus, d. h. zu den *irritierenden* oder *desorientierenden* Erlebnissen im *Elternhaus* oder des *Heims*, der Primärgruppe, in der solche auffälligen Kinder und aufsässigen Jugendlichen zu leben gezwungen sind oder waren.
Ist diese Feststellung nicht eine Vereinfachung? Gibt es nicht außer diesen Primärbeziehungen in der Familie noch sehr wirkmächtige *Miterzieher* oder *Störfaktoren?* Kommunikationsmedien, Kindergarten, Schule, Berufsausbildung? Diese *sogenannten »Miterzieher« sind so stark, wie die Primärgruppe der Familie schwach oder defizient ist.*
Von großer Bedeutung ist das sozial-psychische Grundgesetz, daß reifungsbehinderte Menschen jeder Altersstufe eine starke Anziehung auf ihresgleichen ausüben.
Dieses Faktum gilt generell, und zwar aus zwei Gründen:

a) weil jeder Mensch auf das *Du* und *Wir angewiesen* ist für das *Gelingen seines lebenslangen Werde- und Reifungsprozesses;*

b) weil jeder Mensch in allen Lebensstadien *Bestätigung, Ermutigung, Genossen* und *Helfer* braucht und sie darum beharrlich sucht.
In allen Assoziierungen und Solidarisierungen der Menschen, in allen Lebensstadien wirkt als Hauptmotiv die unbewußte Erwartung, den *passenden Helfer,* die *adäquate Helferin* zu finden für die jeweils fällige Lösung oder Entbindung und/oder für die neue Bindung. *Der Grundrhythmus in dem menschlichen Reifungsprozeß heißt: Bindung – Lösung – Bindung in Begegnungen und Beziehungen (Kontakten).*
Für diesen Prozeß sind von entscheidender Bedeutung die seelischen Fähigkeiten der *Projektion,* des *Widerstandes* und der *Introjektion* oder der *Identifikation,* die man auch Sympathie und Antipathie, Einvernehmen und Verstrittensein nennt. Wie äußert oder *manifestiert* sich *psychische Unfähigkeit* zu *Ehekonsens* und *Eheleben konkret?* Allgemein in *Kontaktscheu* und in *Kontaktsucht.* Ferner in einem *sprunghaften Partnerwechsel,* der heute nicht selten mit oberflächlichen Sexualintimitäten verbunden ist. Dominierend wirkt der vagabundierende Sexualtrieb, der sein Objekt sucht und intuitiv findet. Die dadurch entstehende Faszination, jenes lustbetont-schmerzliche Sich-gefesselt-Fühlen an den Partner oder an die Partnerin, wird in der Regel als die »große Liebe für das gesamte Leben« verkannt und für die Basis einer lebenslang haltenden Ehe angesehen.
Ein eindeutiger Ausdruck psychischer Unreife und seelischer Eheunfähigkeit ist die *Unklarheit über die eigene Person und ihre Beziehungen* zu den Gestalten der *Eltern* und der *Geschwister* und die daraus sich ergebende *Unklarheit* der *Motive* für die *Lebensgestaltung* generell und für die beabsichtigte *Eheschließung.*
Ein sehr beachtenswertes Symptom für Eheunreife oder Eheunfähigkeit ist ein *extremer Drang* nach *Freizügigkeit* und *Freiheit,* der sich seit einiger Zeit politisch-emanzipatorisch drapiert. *Feminismus* in dem Habitus der männlichen Jugendlichen, *maskuline Kleidung und Ausdrucksformen* bei den Mädchen deuten auf *Reifungsverzüge* und auf Retardierungen im Werdeprozeß, die nicht mit dem Kennwort »Mode« bagatellisiert werden sollten. Im Zusammenhang damit wirkt ein einfallsreicher *Exhibitionismus,* unter Umständen mit trotzig-provokatorischem *Imponiergehabe.* Das öffentliche Austauschen von Zärtlichkeiten der Möchte-gern-Erwachsenen ist unter anderem eine Kontrastform zu den brachialen Konfrontationen mit den Hütern von Gesetz und Ordnung (Law and order). Die *immanente Frage* und *Forderung* sind in beiden Verhaltensformen dieselbe: Wer hilft uns aus der Not des Werdens, d. h. aus den Bindungen und Abhängigkeiten des Elternhauses, der Schule und Ausbildung, kurz: des aus Recht und Ordnung lebenden Staates, aus dem langweiligen Establishment heraus?
Ähnliche Kontrastphänomene finden sich in den Bereichen des kirchlichen und des religiösen Lebens: betontes Desinteresse, zynisches Sichdistanzieren

und Über-Engagement in räumlich und zeitlich deplazierten Äußerungen. Kennzeichnender als das *Was* des Bestrittenen oder Geforderten ist das *Wie* des Sichäußerns.
Die nun seit drei Jahren währende Diskussion um die Reform des Paragraphen 218 StGB hat sich inzwischen zu einer »Entbindungskampagne« entwickelt, die unter dem unbewußten Motto marschiert: Rechtzeitig – nicht vorzeitig entbinden! (Es fehlt noch der Antrag: Paragraph 218 a: »Das Kind im Manne hat legitimen Anspruch auf jeden Rechtsschutz gegen psychologische Entbindungsversuche.«)

2. *Wo liegen die Ursprünge für die psychische Unfähigkeit zur Ehe?*

a) In der Elternehe, weil sie das Urbild menschlichen Miteinander- und Füreinanderlebens ist. Weil sie der sekundäre Schoß ist, aus der die *zweite Geburt, die seelische Entbindung und Freisetzung jedes Menschen, erfolgen muß,* sofern er zu Eigenstand, Freiwählen und Freihandeln aus rechtgebildetem Gewissen in Verantwortung gelangen will und soll. *Die schwache, menschlich nicht reifende Ehe der Eltern ist die schwerste Hypothek für den Entfaltungsprozeß der Töchter und der Söhne.* Die in jedem Menschen wirksame Anlage des Urtrauens und der Urangst wird durch das Vorbild der Eltern entbunden, d. h. sie tritt in Funktion, entweder auf Zutrauen hin oder als Ängstlichkeit. Dasselbe gilt für die anderen unentbehrlichen seelischen Grundfähigkeiten: Erwarten und Verlangen, Hoffen und Lieben, Glaube und Gehorsam, Wertintuieren und Sichentscheiden als psychische Grundelemente der Gewissensfunktion. Das Sicheinstellen und Sicheinlassen auf die Mitmenschen, das Sichsorgen um die Mit- und Umwelt, die Begegnung mit dem unsichtbaren Gott, das Hineinwachsen in das Leben mit der Kirche – all das und noch manches Entscheidende für das Bestehen des Lebens in dieser Welt sieht das Kind, sieht der Jugendliche zuerst an seinen Eltern – und ahmt es nach: im Guten wie im Unguten. Die Elternehe gehört zu den entscheidenden Primärerfahrungen jedes Menschen, von denen das Gelingen seines eigenen Reifungsprozesses direkt abhängig ist.
b) Unter den zahlreichen Ursprüngen für die psychische Eheunfähigkeit ist die *Mutter-Kind-Beziehung* die *wirkmächtigste* und in den zahlreichen Fällen die entscheidende Bindung. Ist dieses Faktum oder Datum in der Familien- und Schulerziehung, im Leben der Kirche hinreichend bekannt und berücksichtigt?
Die Mutter-Kind-Relation ist unter den möglichen menschlichen Relationen (Beziehungen) eindeutig die am tiefsten reichende, den ganzen Menschen erfassende (physisch, psychisch, geistig) und darum die stärkste und dauerhafteste im Leben jedes Menschen. Grund: Die Mutter lebt durch neun Monate vor der Geburt in engster Symbiose mit dem Kind;

sie baut den Menschen in jeder Hinsicht auf. Darum weiß sie am besten und am meisten von der Beschaffenheit eines Menschen, den sie geboren hat. Letztlich kann nur die Mutter wissen, wer der Vater beziehungsweise der Erzeuger ihres Kindes ist. Die leibliche Entbindung ist der *Anfang* eines *Freisetzungs-* oder *Emanzipationsprozesses,* der in unserem Kulturbereich bis zur gesetzlichen Mündigkeit (18. Jahr) abgeschlossen oder beendet sein sollte, jedoch sehr selten bis zu diesem Zeitpunkt beendet ist.
Die *seelische (zweite) Entbindung* von der Mutter beginnt mit der ersten Trotzphase (im beginnenden vierten Lebensjahr), in der das Kind »ich« zu sagen beginnt. Vorher spricht das Kind von sich mit der Anrede der Mutter, d. h. in der dritten Person. *Unentbehrlicher Helfer* in der seelischen Entbindung des Kindes von seiner Mutter ist *primär der Vater,* der Gatte der Mutter oder ein Stellvertreter, der dem Kind in dem Freisetzungsprozeß beisteht, der es ermutigt zu Eigenstand und *Selbständigkeit* und es damit einübt in den rechten Gebrauch des *Freiwählens* und *Freihandelns* (des Unterscheidens der Werte und des Sichentscheidens in dem täglichen Verlauf des Lebens).
Mithelfer in der seelischen Entbindung des Kindes sind die *Geschwister* oder, wenn solche nicht vorhanden, Stellvertreter in Kindergarten, Nachbarschaft, Schule und Berufsausbildung. (Die große Bedeutung der außerfamiliären Gruppen und Gemeinschaften, Kliquen, Horden- und Bandenbildungen!)
Die *Mutter* ist der Inbegriff oder die *Personifikation* von *Geborgenheit, Wärme, Nähe, Nahrung,* kurz: alles Angenehmen und Freundlichen in einer harten, gefahrdrohenden, kalten, gemütsarmen und fordernden Umwelt. Daher der spontane Ruf nach der Mutter – selbst bei Erwachsenen – in gefährlicher oder notvoller Situation.
Die Beziehung der Mutter zu ihrem Kind ist zuerst eine *rein naturhafte,* die auf Erhaltung, Pflege und Wachstum ausgerichtet ist. Der personalen, auf Selbstand ausgerichteten Entfaltung des Kindes vermag die Mutter in *dem Maße* zu dienen, wie sie selbst *Person* in ihrem Entfaltungsprozeß, in ihrer *Ursprungsfamilie und in ihrer Ehe* mit dem Vater ihres Kindes geworden ist und weiterhin durch Ehe- und Familienleben wird.
Ist sie mit einem schwachen, jungenhaften Mann, der noch an seiner Mutter hängt, verheiratet, so *leidet sie primär in dieser Ehe,* weil sie nicht freikommt von ihrer naturhaften Bindung an ihr Kind oder ihre Kinder, die zwar einen Erzeuger, aber keinen Vater haben, weil er – unbewußt – darauf besteht, der älteste »Sohn« seiner Frau zu sein und darum *mit seinen eigenen Kindern rivalisiert* um die Liebe der einen Frau, die eigentlich seine Ehefrau sein sollte, jedoch nur Mutter kein kann, *weil der Mann ihr nicht verhilft zu der Partnerschaft,* die Ehe sein und immer mehr werden soll. Fällt der Vater durch frühen Tod aus, so kann die Mutter allein unmöglich dem Kind oder den Kindern zu der *seelischen Entbin-*

dung, zu der Eigenständigkeit verhelfen. Die Frage der Stellvertretung aus Verwandtschaft oder durch einen Vormund ist schon seit geraumer Zeit sehr schwer zu beantworten. Die stellvertretenden Nachforderungen an paternale Gestalten in Schule, Beruf und Universität, neuerdings durch Unfall, Delikt und Suicidversuche, zeigt den katastrophalen »Ausfall« an Vätern. Die steigende Zahl an Ehescheidungen zwingt nun kategorisch, nach den Ursprüngen der *nicht gelingenden Ehen*, nach den *Gründen* der *Eheunfähigkeit* zu forschen.

Verstärkt werden diese Fragen durch die Krisen im Leben zahlreicher Priester und Ordensangehörigen, die an denselben Reifungsstörungen und Retardierungen in ihrem Werden leiden wie ungezählte Eheleute.

Die Diskussionen um den Paragraphen 218 StGB und demnächst um die Eherechtsreform werden aus denselben Grundproblemen gespeist und dementsprechend emotional aufgeladen.

c) *Die Bedeutung der Geschwisterrelationen für die Ehefähigkeit oder Ehereife*

Was haben Brüder und Schwestern gemeinsam? Zuerst die Eltern und deren Ehe, die beide den Wandlungen des Lebens unterworfen sind.

Gemeinsam ist ihnen der Prozeß des Werdens, der personalen Entfaltung, der je nach der Zahl der Geschwister und nach der Position in der Geschwisterfolge oft erhebliche Unterschiede aufweist.

Die Schwester ist die zweite Frau im Leben des werdenden Mannes. Sie ist selbst werdende, reifende Frau, an der ein Bruder die personale Eigenart der Frau anders erfahren kann als an seiner Mutter. Dieses Schwester-Erleben dient der psychischen Entbindung des Sohnes und der Tochter von der Mutter. Der Bruder sollte zu dem Sichlösen vom Vater verhelfen und damit die Selbständigkeit und die Fähigkeit zu Solidarisierung und Gemeinschaft fördern – ohne Fanatismus und Feindseligkeit gegen den Alten –, weil sonst die Bruderklique entsteht, die den Bruderstatus verewigen will, um gegen den Alten zu Felde zu ziehen – als Rebellen, Revolutionäre oder als Anarchisten (Guerilleros). Untereinander sind solche »Nur-Brüder« heimlich-unbewußt und gelegentlich auch offen-bewußt miteinander verstritten, *weil man keinen Status der acht Grundgestalten auf Lebensdauer isoliert oder einseitig leben kann.* Der Nur-Sohn, die Nur-Tochter, der Nur-Bruder, die Nur-Schwester, die Nur-Mutter, der Nur-Vater sind Karikaturen, die an sich wegen dieses Exklusivstatus leiden und an denen die Mitmenschen leiden.

Wenn »Nur-Brüder« sich solidarisieren, entstehen entweder Kliquen, Horden, Banden oder Komplizen, Kameraderien, Kollegialitäten, Konfraternitäten oder Kumpaneien, in denen rivalisierende, verstrittene Gemeinsamkeiten kultiviert werden, die sich entweder gegen die Alten oder gegen die Söhne und Töchter, am meisten gegen den Ehepartner und damit gegen das Gelingen der eigenen Ehe richten.

In ähnlicher Wise gilt das für die »Nur-Schwestern«. Der Nur-Ehemann ist der ewige Braut-Werber, wie die Nur-Ehefrau die permanente Geliebte bleiben will, ohne Mutter zu werden. Solche Ehe-Partner sind ihrer selbst und ihrer Ehe selten sicher. Phänotypisch wirken solche kinderlosen Ehen nicht selten wie Geschwisterpaare, die zufällig auch als verheiratet gelten. Wer Sohn- oder Tochtersein, Bruder- oder Schwestersein als *personal-sozialen Lebensstatus* einseitig leben will oder mit betontem Vorrang kultiviert, wird weder ehefähig noch reif zu ehefreiem Dienst in gereifter Mütterlichkeit oder Väterlichkeit. Das *Haupthindernis auf dem Wege zu Ehereife und Lebensreife überhaupt ist das meist unbewußte Verharren im Kindheitsstatus* (Sohn oder Tochter) *oder im Geschwisterstatus* (Bruder oder Schwester). Das Leben führt vom Kind*sein* und Eltern*haben* zum Eltern*sein* und *-werden* und Kinder*haben*. Das gilt im biosomatischen, im psychischen und im geistigen Sinn oder Verständnis.

d) Lehre und Leben der Kirche als Ursprünge der psychischen Eheunfähigkeit oder mangelnder Lebensreife:

Der Weg von der »religio primaria« des Menschen (Mutter) über den »Polytheismus« des Kindes (Eltern und Geschwister) zu dem Monotheismus christlichen Glaubens führt über Höhen und durch Tiefen, die in der biblischen Offenbarung vielfach nur angedeutet sind. Industrialisierung, Freizügigkeit, Mobilität und globale Kommunikation haben – vor ungefähr 120 Jahren beginnend – besonders in diesem Jahrhundert den Reifungsprozeß der Menschen in einem bisher ungekannten Maß beeinflußt, auf die Ehen und Familien desintegrierend und desorientierend gewirkt. In diesem Jahrhundert hat nachweisbar kein Jahrgang eine ungestörte Pubertät und Adoleszenz erlebt. Die dadurch entstandenen Reifungsverzüge und Reifungsblockaden gehen seit fast zehn Jahren zu Protest und werden auf mannigfache Weise manifest:

in Ehekrisen, Ehescheidungen und Familientragödien, in Schulen, Universitäten und Berufsausbildung, in Verkehrs- und Berufsunfällen,
im Anwachsen der Vergehen und Verbrechen,
im Zunehmen des Rauschgiftkonsums,
im Ansteigen der psychogenen Erkrankungen,
in der Zunahme der Suicidversuche und der Suicide.

Die Vorgänge innerhalb der kirchlichen Gemeinschaften, in der Theologie, im kirchlich-religiösen Leben: die Unlust oder Resignation in manchen Bereichen der Seelsorge, der Rückgang der Priester- und Ordensberufe, Amtsniederlegungen durch Priester und Austritte aus Orden und Kongregationen, Kritik in allen Formen an Hierarchie und an den Lehren der Kirche – diese Vorgänge lassen fragen: Haben die Kirche und die Seelsorge einiges übersehen oder verkannt? Ist der Aufbruch des Unbewußten in der Kirche vernommen? Gilt das Unbewußte als Realität, als Hüter des Menschen und der Gesellschaft, der Kirche und des Staates?

Vermögen eine Bewußtseinstheologie, eine vorwiegend voluntaristisch orientierte Ethik und Moraltheorie, eine am Rechts- und Ordnungsdenken orientierte Verkündigung den indirekten Fragen zu antworten, die protestimmanenten Forderungen zu erfüllen? Dagegen läßt sich fragen: Hat nicht das Zweite Konzil im Vatikan diese Fragen und Forderungen deutlich genug artikuliert und entsprechend beantwortet? In der Ehelehre hat das Zweite Vatikanum eine Neuorientierung eingeleitet. Die Konsequenzen bis in die Details sind noch zu ziehen. Wahrscheinlich wird diese Arbeit geleistet, indem aus der Pathologie der Ehe und Familie die Folgerungen für die Theologie, die Religionspädagogik und für die praktische Seelsorge gezogen werden.

3. Wege und Helfer zu der Behebung oder Sanierung der Eheunfähigkeit

Wie in der Medizin die Krankheitslehre (Pathologie) nicht nur einer exakteren Diagnose und damit einer wirksameren Therapie dient, vielmehr auch ein besseres, umfassenderes Verstehen der Menschen in seinen zahlreichen Beziehungen ermöglicht, ähnlich könnte die Pathologie der Ehe und der Familie, ohne die eine convalidatio und sanatio matrimonii nicht möglich ist, dem tieferen Verstehen des Menschen innerhalb des kirchlichen Lebens den Weg bereiten helfen. Wie kann das in der Praxis des Eheprozesses geschehen?

a) Die Aussagen der Kläger, der Zeugen und der befragten Ärzte ergeben ein mosaikartiges Bild von den Ehepartnern, von ihren Beziehungen zu ihren Ursprungsfamilien und von ihrem bisherigen Eheleben. *Die Relationen zu den Gestalten der Eltern und der Geschwister bilden den Hintergrund der zur prozessualen Klärung anstehenden Ehe.*

Diesen *Hintergrund* gilt es *aufzuhellen,* um die Ehefähigkeit der klagenden oder beklagten Ehepartner festzustellen, und *zwar nicht nur die Ursprungsfamilie des Beklagten, sondern ebenso des klagenden Partners.* Die von Ärzten festgestellten Neurosen sind in der Regel Soziosen, d. h. Beziehungsstörungen. Der neurotische Mensch lebt im Widerstreit mit *sich* und den Mitmenschen und daher nicht selten auch mit Gott und der Kirche. Solche Widerstreite haben ihre Vorgeschichte, die bei der Bestandsaufnahme einer beklagten Ehe so einsehbar wie eben möglich gemacht werden sollte.

Frage: Sind mit dieser Forderung der Untersuchungsrichter und auch der Defensor vinculi nicht überfordert? Da jeder Mensch die familiaren Grundbeziehungen erlebt hat und darin lebt, so kann es *nicht als Expertenwissen deklariert werden.* Es gilt die Bedeutung dieser menschlichen Grundrelationen zu Eltern und Geschwistern, zu Mann und Frau, zu Söhnen und Töchtern in ihrer Bedeutung für das Ehefähigwerden und für den Reifungsprozeß jedes Menschen zu erkennen und die Störungen dieser

Beziehungen in ihren Auswirkungen auf Ehefähigkeit und Berufsfähigkeit anzuerkennen.

b) Aus diesen *Erkenntnissen* und *Bewertungen* des *personalen Reifungsprozesses* sollte sich für den Eheprozeß eine *menschenkundige* und *ehefreundliche Rechtsprechung ergeben.* Das besagt, daß *nicht zustandegekommene Ehen – weil bei beiden oder bei einem Partner die erforderliche Ehefähigkeit fehlte und noch fehlt – für nichtig erklärt werden.* Da den Partnern mit der Nichtigkeitsfeststellung persönlich noch nicht kausal, d. h. in ihrer Reifungsproblematik geholfen ist, so wäre von seiten des Ehegerichtes zu bedenken, wie sie die Partner auf ihr Grundproblem wirksam hinweisen können, damit sie nicht so bald wieder eine Ehe einzugehen versuchen.

c) Da es sehr unterschiedliche Grade von psychischer Eheunfähigkeit gibt, so wäre in jedem Fall zu prüfen, ob es sich um eine sanierungsfähige oder therapierbare Eheunfähigkeit handelt, oder um eine radikale, nicht zu überwindende. Personstruktur, bisheriger Lebenslauf und das Lebensalter der in Frage stehenden Frauen und Männer wären zu berücksichtigen. *Ohne Hilfe erfahrener Therapeuten ist diese Aufgabe der Unterscheidung und Entscheidung m. E. von den Offizialaten auf die Dauer nicht zu erfüllen.*

Dieselben oder sehr ähnliche Fragen stellen sich ein in Laisierungsprozessen von Priestern und bei Dispenserteilung von Ordensgelübden.

d) Die *Kriterien psychologischer* und *sozial-anthropologischer Art* für *Nichtigkeitsfeststellung bei Ehen,* für *Laisierung von Priestern* und *Dispenserteilung* von *Ordensgelübden* sollten im Interesse der betroffenen Frauen, Männer und Kinder, aber ebenso im Hinblick auf die *drei hohen Lebensformen der Ehe,* des *Priestertums* und des *Ordenslebens* so klar wie eben möglich umschrieben, gefaßt wie behutsam und sorgfältig bei der Urteilsfindung angewandt werden.

Die Gefahr auch eines *unbewußten, ressentimentbestimmten Mißbrauchs* der nachweisbaren Eheunfähigkeit in einer zu großzügig gehandhabten *Annullierungspraxis* würde niemandem dienen, jedoch vielen schaden.

Der Kirche sollte niemals und in keinem Land auch nur der Anschein einer Konkurrenz mit der Scheidungspraxis der weltlichen Ehegerichte nachgewiesen werden können, wie es in der »Weltspiegel«-Sendung der ARD am 17. 6. 1973 mit einem Bericht aus Rom versucht worden ist.

Der Hauptsinn der Ehenichtigkeitsprozesse besteht darin, daß folgende Realitäten möglichst bald in der Kirche anerkannt und ausgewertet werden:

1. Das *Unbewußte* ist eine *wirkmächtige,* von der Schöpfung her im Menschen *angelegte Instanz,* die in dem lebenslangen Reifungsprozeß des Menschen fördernd, aber auch störend und zerstörend wirken kann. Über den Weg des Unbewußten scheint Gott – der Unsichtbare und Verborgene – seinen Weg zur Mitte der menschlichen Person gehen zu wollen – in einem

Zeitalter, wo das Bewußtsein des von seinen technischen Leistungen geblendeten Menschen die Existenz Gottes leugnet und seine Herrschaft für den Menschen usurpiert.

2. Mit einer *menschenkundigen Ehe-* und *Familiensorge* wird den Menschen in der Gegenwart am wirkungsvollsten durch die Kirche gedient. Dieser *Dienst* an dem *Gelingen der Ehe* und des *Familienlebens* läßt die Menschen fähig werden zu dem vertrauenden Hoffen, zu einem mündigen Glauben und zu einem gültigen Lieben nicht nur der Person Jesu Christi, sondern auch seiner Botschaft von dem ewigen Vater und von dem Geist der Liebe, der in den Menschen durch die Kirche seine befreiende Erlösung wirkt.

3. Dem Eherecht würde damit die höchste Aufgabe zugetraut: der christlichen Liebe zu ihrem Gelingen zu verhelfen oder nach besten Kräften zu ihrer Entfaltung beizutragen.

Gesetz und Gewissen in dem Lebensprozeß des Menschen

Das direkte und indirekte Fragen nach dem Gelingen menschlichen Lebens in Ehe, Familie, Beruf und Gemeinde hat in Westeuropa nach dem Ende des Zweiten Weltkrieges exzessive Formen angenommen und eine Dringlichkeitsstufe hohen Grades erreicht. Nicht nur Kinder, Jugendliche und Eltern stellen die indirekten Fragen durch Leistungsschwund, Erkrankung, Unfall, Delikte und Suicidversuche. In Schulen, Universitäten, in kirchlichem und im politischen Leben sind neben den direkten Fragen und Forderungen das indirekte Anfragen und Nachfordern ebenso alltäglich und allgegenwärtig geworden.

Direkt gefragt wird nach allem, was zu dem unerläßlichen Werden und Reifen des Menschen in Familie, Beruf und Gesellschaft gehört: nach Können und Sollen, nach Schuldigkeit und Schuld des Menschen.[1] In Frage gestellt wird alles bisher Gültige und Verbindliche, was durch Gesetz, Sitte, Brauchtum und Konvention geregelt oder gefordert war.

Indirekt gefordert oder nachgefordert werden Hilfen und persönliche Helfer für das Gelingen der Begegnungen und Beziehungen (Kontakte) zu den Mitmenschen, zu der eigenen Person und zu dem Ur-Du jedes Menschen, zu Gott.

In den Anfragen und Nachforderungen, die philosophisch, soziologisch, anthropologisch oder theologisch sprachlich »eingekleidet« oder artikuliert werden, sind Gesetz, Norm und Gewissen, Freiheit und Verantwortung am häufigsten genannt. Was bedeutet das für den Lebensprozeß des Menschen von heute und morgen?[2]

I. Nomos, Lex, Norm in der Menschwerdung des Menschen

In den Antworten auf die Fragen und Forderungen der Menschen aller Altersstadien und Berufsgruppen zeichnen sich zwei kontrastierende Hauptrichtungen ab: die dynamische Richtung oder Auffassung, die alles in dynamischer Entwicklung und Veränderung begriffen sieht. Die andere

[1] *J. J. M. van der Ven,* Das christliche Gewissen im öffentlichen Leben, Berlin 1952; *W. Heinen,* Aufbruch des Unbewußten, in: *ders.,* Begründung christlicher Moral, Würzburg 1969; *E. H. Erikson,* Kindheit und Gesellschaft, Stuttgart [2]1965.

[2] *G. Teichtweier, W. Dreier* (Hgg.), Herausforderung und Kritik der Moraltheologie, Würzburg 1971; *J. Schreiner,* Die Kirche im Wandel der Gesellschaft (eine Vorl.-Reihe), Würzburg 1970.

Richtung betont das Vorgegebene, Gewordene als das Bleibende und zu Erhaltende (Immobilismus). Die mittlere Linie als Synthese von Daten und evolutiven Elementen ist schwer zu finden, weil die Vertreter der beiden Hauptrichtungen in der Regel aus dem Prinzip des »alles oder nichts« argumentieren. Selten wird gesehen, daß im konkreten Leben weder die Maxime »aut – aut« noch das »nec – nec« gilt, vielmehr das »et – et«. Das Alternativ-Fordern gegen die Kompromiß-Argumentation ist weder ein metaphysisches noch ein theologisches, sondern ein anthropologisches Typusproblem. Wer nur Veränderungen, Wandel, Umbruch sieht oder will, verkennt die Wirklichkeit und verfehlt seinen, für ihn gültigen Lebensweg ebenso wie jener, der nur Daten und Konstanten sieht und das Gewordene »konservieren« oder »verewigen« will.[3] Beide Gruppen suchen den persönlichen Wandlungen zu entgehen, die jeden Menschen als Person in seinen vielseitigen Relationen ganz einfordern und beanspruchen. Gibt es zwischen diesen extremen Positionen eine Vermittlung, die eine Aussöhnung ermöglichen könnte?
Eine Verständigung über Gesetz und Gewissen könnte in manchen Kontroversen zu einem Einvernehmen führen.

1. Nomos – Inbegriff der Daten und des Vorgegebenen[4]

In dem ursprünglichen griechischen Sprachgebrauch meint nomos das Zugeteilte, Erteilte, von nemein = verteilen, austeilen, zuteilen (z. B. Weidegründe, Land). Sekundär, im übertragenen Sinn, bezeichnet nomos das Angeordnete, Festgesetzte, den Brauch, das Herkommen, die Sitte, die Ordnung, Satzung, göttliche und menschliche Satzung.
Nomos = Daten oder Zugeteiltes im Leben jedes Menschen sind: an erster Stelle die Eltern, die kein Mensch sich wählen kann; ferner seine individuale Personstruktur, die Geschlechtsbestimmtheit, die Erbfaktoren. Im psychisch-geistigen Bereich: seine Disposition zum Fühlen, Streben, Denken, Wollen. Soziale Daten sind: Herkunft und Ehe der Eltern, der Beruf des Vaters, die Position in der Geschwisterreihe oder als Alleinkind, das Haus, in dem ein Mensch heranreift, die Landschaft mit Bodenbeschaffenheit, Wetter, Klima, Siedlungsdichte, die Staatsform. Daten sind für den jungen Menschen der Kindergarten und die Schule. Beide werden nicht von ihm gewählt.
Die stärkste und zeitlebens wirksame der personalen Daten ist für jeden Menschen die Mutter, in enger Verbindung (positiv oder negativ) mit ihr

[3] *A. Exeler* (Hg.), Fragen der Kirche heute (eine Vorl.-Reihe), Würzburg 1971; *Fr. Groner* (Hg.), Die Kirche im Wandel der Zeit (Festschrift f. J. Kardinal Höffner), Köln 1971.
[4] *H. E. Richter*, Eltern, Kind und Neurose, Stuttgart 1963; *W. Heinen*, Werden und Reifen des Menschen in Ehe und Familie, Münster 1965.

der Vater. Ein wesentliches Datum für das Kind und für den Jugendlichen ist das Gelingen der *Elternehe.* Dominiert die Frau in der Ehe, so haben die Kinder eine starke, bestimmende Mutter. Das vorherrschende maternale Element kann das Sichlösen der Kinder vom Elternhaus erschweren, weil die Mutter-Kind-Beziehung ohnehin die stärkste Bindung in dieser Welt sein dürfte. Mutter und Kind sind sich gegenseitig gegeben und aufgegeben; das wechselseitige Sichannehmen sollte die Konsequenz sein. Bekannt sind jedoch die nicht seltenen Vorurteile und Vorbehalte. Vorwiegend von der Mutter »erfährt« und übernimmt das Kind die Einstellung zu der eigenen, geschlechtsbestimmten Leiblichkeit und zu den materiellen Gütern.
Der nomos als Zugeteiltes, Gegebenes, ob materiell, seelisch oder geistig, ob dinglich-sachlich oder personhaft, bedarf im Leben jedes Menschen der Einordnung, der Eingliederung oder Integration in den personal-sozialen Reifungsprozeß. Im Dienste dieser Integration steht das Gesetz, die lex.

2. *Von der Funktion des Gesetzes (lex)*[5]

Die Vorbehalte gegen Gesetz und Norm, gegen Autorität und bestehende Ordnung sind heute nicht nur in Jugendlichen bemerkenswert zahlreich. Auch manche Erwachsene in verantwortlicher Stellung haben eine ungeklärte Einstellung zu Recht und Gerechtigkeit.
Welche Aufgaben haben die Gesetze? Die lex formuliert und formt den nomos. Wie Materie und Form, wie Potenz und Akt, wie mater und pater auf das engste zusammengehören, so nomos und lex. Sie bedingen und fördern sich wechselseitig. Das vorwiegend paternale Element der lex hat eine ordnende, regelnde, mäßigende Funktion. Das Tier ist in seinem Agieren und Reagieren von dem Instinkt geleitet und gebunden. Es hat das Gesetz seines Werdens und Verhaltens in sich. Der Mensch ist, verglichen mit dem Tier, »instinktenthoben« und darum auf andere Steuerungshilfen angewiesen. Die ersten bedeutsamen Hilfen kommen ihm von Mitmenschen, denen er besonders nahesteht (Eltern und Geschwister). Im Menschen selbst ist die entscheidende Hilfe die »emotionale Mitte« (A. Vetter), in der die Eindrücke und Anforderungen verarbeitet, koordiniert werden. An diese kardiale Mitte wenden sich auch die Gesetze, die den Weg zu den gültigen Zielen weisen. Diese wegweisende Funktion der positiven Gesetze wird mit dem Blick auf andere Menschen erlebt, als bedeutend anerkannt. Das zunächst als »fremdes« Gesetz Erfahrene wird zu dem eigenen, verbindlichen Sollen durch den Vorgang der »Introjektion«. Dieses Hereinnehmen der Sollens- oder Lassens-Forderung ermög-

[5] *F. Flückiger,* Geschichte des Naturrechtes, Zollikon/Zürich 1954; *F. Böckle* (Hg.), Das Naturrecht im Disput, Düsseldorf 1966; *B. Schüller,* Gesetz und Freiheit, Düsseldorf 1966.

licht den Wandel von der Fremdbestimmung zu einer persongemäßen Selbstbestimmung, die mit dem Erleben des Freiwählens und Freihandelns verbunden ist.
Gesetze sollen ferner bewahrend und schützend wirken. Je größer die Gefährdung des Menschen hinsichtlich der unentbehrlichen Güter (Leben, Freiheit, Ehre, Eigentum, Gewissen) wird, desto wirksamer sollte auch der gesetzlich verbürgte rechtmäßige Schutz garantiert werden. In einem Rechtsstaat wirken alle Gruppen, Instanzen und Institutionen an der Bewahrung und an dem Schutz der personalen und sozialen Werte und Güter mit. Ein solcher gesetzlich formulierter, durch die Exekutive garantierter Schutz sollte niemals starr oder konformistisch gehandhabt werden, da jedes Gesetz zugleich auch entbindende, ermöglichende, freisetzende oder befreiende Funktion hat. Die Maxime »Fiat lex – pereat mundus« widerspräche mit seiner rigoristischen Tendenz der freisetzenden, Kräfte entbindenden Aufgabe einer gesetzlichen Regelung oder Bestimmung.
Unentbehrlich ist die heilende, restituierende Funktion der Gesetze. Der Sühnecharakter der Strafgesetze zielt niemals primär auf Vergeltung, sondern auf sanatio des Unrechttäters, auf Resozialisierung des in seinen Beziehungen gestörten, dissoziierten Delinquenten. Um diese wichtige Zielsetzung der Strafgesetze, Strafprozesse und Strafvollzüge wird seit dem Ende des Zweiten Weltkrieges mit vielen Bemühungen gerungen. Der Moraltheologie und besonders der Moralanthropologie fällt in diesem Prozeß der Humanisierung der Strafgesetze und ihrer Anwendung eine Mittlerfunktion zu, die auf Transformierung des Vergeltungsstrebens in Wandlungsbemühungen zielen sollte. Das ist eines der schwierigsten und an Widerständen reichsten Unterfangen.

3. Das Finden der Norm in der konkreten Situation[6]

Aus dem nomos (Vorgegebenes, Daten) und mit Hilfe der lex (positives Gesetz) muß jeder Mensch in der konkreten Situation seines Lebens die hier und jetzt gültige Norm für sein Agieren und Reagieren, für sein Tun oder Lassen gewinnen oder finden.
Die Norm, als regula verstanden, wäre dann die Synthese von maternalem nomos und paternaler lex. Diese Synthese oder »Ehe« von nomos und lex in adäquater Weise zu »stiften« oder zu »schließen«, ist die Aufgabe des »mittenhaft« angelegten, für Unterscheiden und Sichentscheiden disponierten Menschen. Die Norm hat etwas von dem Reichtum und der Unbestimmtheit des nomos wie auch von der Festigkeit und Entschieden-

[6] *J. Fuchs*, Situation und Entscheidung, Frankfurt 1952; *H. Kramer*, Die sittliche Vorentscheidung. Ihre Funktion und ihre Bedeutung in der Moraltheologie, Würzburg 1970.

heit der fordernden lex. Darum kann sie mit der Ehe von Mann und Frau in etwa verglichen werden. Richtig verstanden, hat jede Norm die Eigenart eines Kompromisses. Die Norm für das personale Verhalten in der je einmaligen Situation soll die Anarchie des vorwiegend *maternal* bestimmten nomos, aber ebenso das Erstarren im Legalismus oder Rigorismus der vorwiegend *paternal*-männlich bestimmten lex verhindern. Keine noch so gutformulierte lex vermag der Fülle und dem Variantenreichtum des nomos (des Lebens) voll zu entsprechen; ihre Anwendung bedarf der Elastizität, die in dem Finden der Norm gewährleistet sein sollte.
In dem Entfaltungsprozeß des Kindes und des Jugendlichen werden nomos, lex und Norm an und mit Menschen gesehen, gehört, vernommen und – abgelehnt oder angenommen. In den Gestalten der Mutter (nomos), des Vaters (lex), in ihrer Ehe (Norm) erlebt der heranreifende Mensch sowohl die Daten und Vorgegebenheiten als auch die Anforderungen und Verbindlichkeiten als vorgelebtes Leben. Durch die Geschwister (Brüder und Schwestern) hat der Jugendliche sowohl ermutigende Vorbilder als auch Eingrenzungen und Modifikationen seiner Erwartungen, Wünsche und Forderungen. Mit ihnen, mitunter auch gegen sie, übt er die »sozialen Spielregeln« allmählich ein und kann in diesem Füreinander, Gegeneinander und Miteinander schrittweise zu dem Mann, zu der Frau reifen, die er oder sie werden können oder sollen. Wie werden diese Vorbilder oder Leitbilder aus nomos, lex, Norm gelebten Lebens zum inneren Besitz des reifenden Menschen, so daß er des Eigenstandes und des selbständigen Handelns und Seins fähig wird?

II. Das Gewissen in dem Reifungsprozess des Menschen[7]

Das Gewissen ist zusammen mit dem Gesetz in der beschriebenen Dreistufung (nomos, lex, Norm) die gleichwirksame und darum gleichwertige Bindungs-, Bildungs- und damit auch die Freiheitskomponente. Wie das Gesetz hat das Gewissen ein maternales Element – das Wertintuieren, ein paternales Element – das Sichentscheiden und eine Synthese von beiden – die Imputation (Zurechnung, Haftung) oder die Verantwortung. Warum diese Unterscheidung? Einmal, um die Kooperation der im Lebensprozeß unentbehrlichen personalen Grundgestalten deutlich zu kennzeichnen, sodann, um die Ansatzpunkte für die stellvertretenden Helfer und Hilfen in der Entfaltung des Gewissens zu markieren.

[7] *Th. Müncker*, Die psychologischen Grundlagen der katholischen Sittenlehre, Düsseldorf [4]1953; *R. Egenter, P. Matussek*, Ideologie, Glaube und Gewissen, München/Zürich 1965; *W. Heinen*, Das Gewissen – sein Werden und Wirken zur Freiheit, Würzburg [2]1971.

1. *Das maternale Wertintuieren oder Werterfassen*

Erfaßt das Tier das für sein Leben Erforderliche instinktiv, so gewinnt der langsam reifende Mensch die ersten Erfahrungen und Kenntnisse *intuitiv.* Diese Intuitio geschieht, personal gesehen, in der Personmitte, die sowohl die Sinneseindrücke (Sehen, Hören, Tasten, mit Riechen und Schmecken) als auch die Einfälle aus dem Unbewußten (Erinnerungen, Träume) koordiniert und den Menschen, unter Mitwirken aller psychischen und somatischen Fähigkeiten, zu den lebenswichtigen Tätigkeiten: Vertrauen, Lieben, Glauben, Sichentscheiden und Verantworten befähigt. Sozial gesehen, geschieht das Intuieren (vom lat. intueri = anschauen, betroffen, ergriffen sein) in Begegnungen mit Menschen und Gütern und in Beziehungen zu ihnen. Die geordneten Relationen innerhalb der Familie (»Primärgruppe«) sind in der Regel entscheidend für das Gelingen sämtlicher Grundfunktionen in der Gewissensentfaltung und aller zwischenmenschlichen Kontakte.

Jeder Mensch ist mit all seinen Anlagen und Potenzen auf Werterfassen und Wertverwirklichung angelegt, um durch einen lebenslang währenden Entfaltungsprozeß zu einer reifen Persönlichkeit zu werden.

In einer von Intellekt und Willen bestimmten, technisch durchrationalisierten Leistungs- und Konsumgesellschaft ist das Werterfassen erschwert, weil die Werte-Ordnung weit mehr auf das Gelingen der äußeren Welt- und Lebensbewältigung als auf das Reifen, auf die optimale Entfaltung der menschlichen Person gemäß einer christlichen Anthropologie (Ebenbildlichkeit und Kindschaft Gottes im Menschen) orientiert ist. Wo das Grundstreben der Menschen nach Erwerb und Besitz, nach Geltung und Macht, nach Genuß im Hier und Jetzt dominiert, über alle Mittel und Kanäle der Kommunikation fast pausenlos betont und stimuliert wird, ist das Wertintuieren in bedenklichem Maß gefährdet. Die Desorientierungen durch die erheblich miterziehenden Massenmedien fordert seit einigen Jahrzehnten die Besinnung auf die wichtigen Aufgaben der Primär- oder Haupterzieher in der Ursprungsfamilie, aus der ein Mensch hervorgeht.

Auf der Suche nach den entscheidenden Helfern in dem Prozeß des Werterfassens, des Gewinnens der eigenen Werteordnung trifft der Fragende auf die Gestalten der Eltern, besonders der Mutter. Sie weiß aus ihrem fraulichen Sein und Können nicht nur um den Wert der materiellen oder maternalen Güter (leibliches Leben, Nahrung, Kleidung, Wohnung), sondern auch um den Wert des persongemäßen, des sozial verantwortbaren Gebrauchs dieser und anderer Güter. Am Vorbild der Mutter liest das Kind den Wert, den Gebrauch der Güter und Werte ab, und zwar weniger durch verbale Belehrung, sondern durch intuierendes Innewerden, im Schauen und Horchen auf die Mutter, auf ihr Sorgen und Zuteilen, auf ihr Maßgeben und Maßhalten. Die Frau, im allgemeinen stärker intuitiv als intellektuell veranlagt und begabt, erfaßt rascher und sicherer sowohl die Werte als auch die Unwerte, das Dienliche, Fördernde als auch das Bedrohende und Gefährdende für die ihr anvertrauten Menschen, besonders für ihre Kinder.

Da jedes gelingende Leben mit diesem unentbehrlichen Wertintuieren beginnt und zeitlebens von ihm bestimmt wird, so ergibt sich daraus die hohe, vom Mann in dieser Sicherheit und Gültigkeit nicht zu erfüllende *Aufgabe* der *Frau* in den vier Grundgestalten: Mutter, Schwester, Ehepartnerin, Tochter. Die schwache wie die dominierende Mutter sind für das Vorbilden und Einüben des Wertintuierens nur bedingt geeignet, weil ihre eigene Werteordnung entweder gestört oder unvollständig ist, in der Regel durch die Erfahrungen in der eigenen Ursprungsfamilie. Man könnte einwenden: Kann eine gestörte Wertordnung nicht in der Ehe reguliert, orientiert werden? Diese Frage muß grundsätzlich bejaht werden, da sowohl der Ehepartner als auch die Kinder an der familiären Werteordnung konstellierend mitwirken. Die kooperierenden Einflüsse aus der engeren oder weiteren Umwelt wurden bereits genannt. Die Stabilität der Ehe und der Familienkonsens werden entscheiden, ob das Wertintuieren mehr von außen gesteuert oder mehr durch die Elternvorbilder induziert wird.

2. *Das paternale Sichentscheiden*[8]

In dem großen Angebot an optischen und akustischen Eindrücken, an wertvollen und wertwidrigen Vorbildern ist jeder Mensch gehalten, eine Auswahl zu treffen. Jedes Wählen impliziert sowohl ein Unterscheiden als auch ein Sichentscheiden. Je größer und verwirrender das Angebot hinsichtlich Quantität und Qualität, desto schwieriger werden das Unterscheiden und das Sichentscheiden im Wählen. Im Wertintuieren und Werterkennen ist das Unterscheiden bereits am Werk, weil die Menschen und die Sachgüter unterschiedliche Eigenschaften, Charaktere, verschiedene Qualitäten haben. Akut wird das Sichentscheiden in der konkreten Situation, in der das Gewissen im Menschen angerufen wird und den Betreffenden vor die Wahl stellt. Jedes Urteil, das dem Sichentscheiden vorausgeht, ist sowohl retrospektiv als auch prospektiv gerichtet. Zu der Klärung einer Entscheidungssituation werden das intuierende Fühlen, das Denken und das Strebenwollen angefordert. Bei genauer Analyse wird erkennbar, daß in dem Sichentscheiden das Denken und das Strebenwollen die Haupt-

[8] *M. Juritsch,* Der Vater in Familie und Welt. Eine anthropologische Studie, Paderborn 1966; *P. Landolf,* Kind ohne Vater. Ein psychologischer Beitrag zur Bestimmung der Vaterrolle, Bern/Stuttgart 1968; *M. Erni,* Das Vaterbild der Tochter, Freiburg i. d. Schw. 1965; *W. Bitter* (Hg.), Das Vaterproblem in Psychotherapie, Religion und Gesellschaft, Stuttgart 1954.

arbeit zu leisten haben. Diese psychischen Grundfähigkeiten sind von Natur im Wesen des Mannes stärker disponiert und werden von ihm öfter erwartet als von der Frau, was in keinem Fall exklusiv zu verstehen ist. Wenn das Sichentscheiden mehr dem Mann, in der Familie dem Vater appropriiert und abverlangt wird, so geschieht das auch mit dem Blick auf seine Aufgaben in der Gesellschaft, in Politik und Wirtschaft.[9] Daß die Frau in Ehe und Beruf an den Entscheidungen wesentlich beteiligt ist, bedarf keines besonderen Nachweises, einfach weil dem Sichentscheiden das Wertintuieren vorausgeht.

In dem lebenslang währenden Entfaltungsprozeß ist jeder Mensch gehalten, das Unterscheiden und Sichentscheiden zu lernen und zu üben, wenn sein Gewissen in den wechselnden konkreten Situationen funktionstüchtig sein, d. h. persongemäß agieren oder reagieren soll. Wie bei allen lebenswichtigen Grundfähigkeiten (Vertrauen, Glauben, Lieben), so ist der Mensch, besonders der Jugendliche, auf gültige Vorbilder und Beispiele für das Erlernen des gewissenhaften Sichentscheidens angewiesen. Das primäre Vorbild sucht der Jugendliche in der Gestalt und in dem Verhalten seines Vaters. Fehlt dieser in seiner Ursprungsfamilie, oder ist er in seinem Vorbilden und Beispielen schwach, so sind Söhne und Töchter gezwungen, nach Stellvertretern zu suchen, die in Lehrern, Seelsorgern, Lehrmeistern, Ärzten, Politikern seit einiger Zeit angefordert, nicht selten provokativ angegangen werden.[10] Kausal betrachtet, sind solche Herausforderungen in der Regel eindeutige Symptome personalen Reifungsnotstandes, der als »Bildungsnotstand« bezeichnet wird. Reformforderungen in allen Bereichen des öffentlichen Lebens, des Staates und der Kirchen, die nicht selten in revolutionärer Sprache, in anarchistischen Formen demonstrativ sich äußern, implizieren das schon seit einigen Jahrzehnten wirksame, mehr unbewußte als bewußte Suchen nach Helfern und Vorbildern in dem Erlernen des notwendigen Sichentscheidens.

Neben oder mit den Vätern, den paternalen Gestalten und Instanzen der Gesellschaft sind für das Sichentscheiden die Gestalten der Brüder und der fraternalen Gruppen von besonderer Bedeutung. Solidarisierung der Brüder gegen schwache oder autoritäre, tyrannische Väter gibt es nicht erst seit 1789, sie gehören zu dem Grundbestand familiären und gesellschaftlichen Lebens. Ein Urproblem dieser sozialen Dynamik ist nicht so sehr der »Wille zur Macht«, sondern das Verlangen nach eigenständigem Sichentscheiden-Können, das die unentbehrliche Aussöhnung mit der hierarchischen Vertikalen und mit der polar strukturierten Horizontalen impliziert.

[9] *J. J. M. van der Ven,* Wirtschaften als menschliches Anliegen, in: Jahrbuch d. Instituts f. Christl. Sozialwissenschaften Bd. V, Münster 1964.

[10] *J. J. M. van der Ven,* Herrschaft und Vaterschaft (ein kritischer Versuch an Max Webers Herrschaftspsychologie), in: *K. Carstens* und *H. Peters* (Hgg.), Festschrift für H. Jahrreis, Köln 1964.

Dasselbe legitime Verlangen verbirgt und manifestiert sich in den heute allgegenwärtigen Forderungen nach »Mitbestimmung« und nach radikaler »Demokratisierung«.[11] Die politisch oder soziologisch »eingekleideten« Herausforderungen sind ursprünglich und final legitime menschliche Ansprüche auf vorbildende und beispielende Helfer zu der Eigenständigkeit in dem gewissenhaften Sichentscheiden.

3. Imputation – Verantwortung – Haftung[12]

Für das Gelingen der Änderungen, Wechsel und Wandlungen im Leben des einzelnen und der Gemeinschaften wurden Werterkennen und Sichentscheiden als Wirkelemente des persönlichen Gewissens erkannt. Zu der Wesensart und Wirkweise des Gewissens mit dem Blick auf nomos, lex, Norm zählt noch die Trias der Zurechnung von Agieren und Reagieren, der Verantwortung für persönliches Sein, Tun und Lassen, der personalen Haftung für selbstverschuldeten Schaden und der solidarischen Haftung für entstandene Schäden.
Das stadiengemäß entfaltete Gewissen läßt den Menschen post factum die Zurechnung (Imputation) seines guten wie auch des defizienten und bösen Verhaltens annehmen. Die Widerstände und das Sichweigern gegen diese Zurechnung sind in allen Altersstadien hinreichend bekannt und praktiziert. Das Sichbekennen zu seinem Sein und Handeln ist ebenso schwierig wie das Sicherkennen und Sichannehmen. Dieses Sichbekennen gehört unentbehrlich zu dem, was mit *Verantwortung* gemeint ist. Verantwortung als gewissenhafte Haltung impliziert die Antwort auf Fragen: Adam, wo bist du? Wer bist du? Wer hat dies oder jenes verursacht oder unterlassen? Wer ist hier wem was schuldig geblieben? Warum wurde so und nicht anders reagiert? Wer nicht zu dieser Verantwortung bereit ist, hat in der Regel nicht den Mut, zu seiner Person, wie sie ist, geworden ist und sich verhält, zu stehen. Er »verleugnet« seine Vergangenheit, vielleicht auch seine Herkunft und verwahrt sich gegen künftige Ansprüche, ganz gleich, von welcher Seite sie kommen mögen. Eine solche Haltung ist kindlich, infantil, weil das Kleinkind erst sehr geringe Verantwortung oder gar keine übernehmen kann. Der Verantwortungsscheue manifestiert damit seinen Reifungsrückstand. Durch sein Verhalten fordert er unbewußt, d. h. indirekt Helfer zu der Behebung des Reifungsverzuges an.
Ähnliches gilt für die *Haftung*, die sich aus verursachter Schädigung oder

[11] *L. Roos,* Demokratie als Lebensform, Paderborn 1969; *C. Schmid,* Die Intellektuellen und die Demokratie, Hamburg 1958; *W. Walter*, Die sozialethische Definition der Demokratie, Freiburg 1962; *R. Dahrendorf*, Gesellschaft und Demokratie in Deutschland, München 1965.
[12] *W. Weischedel,* Das Wesen der Verantwortung, Frankfurt ²1958; *A. Schüler,* Verantwortung. Vom Sein und Ethos der Person. Krailling 1948.

aus entstandenen Schäden ergibt. Persönliche Haftung drängt auf Restitution oder Entschädigung, natürlich in den Grenzen des eigenen Könnens und des Vermögens. Solidarische Haftung als »Wiedergutmachung« kann sich aus der Zugehörigkeit zu einem Volk ergeben, das durch seine Schuld einen Krieg begonnen und mit einer Niederlage beendet hat. Bei eindeutig feststellbarer Schuld an der Initiierung eines Eroberungskrieges ist die solidarische Haftung für die verursachten Schäden nicht zu bestreiten. Die Institutionalisierung der Schadenshaftung in der Industriegesellschaft durch Versicherungen ist für den einzelnen in Berufsausübung und im Straßenverkehr ohne Zweifel eine spürbare Hilfe. Die persönliche Haftung ist dadurch nicht überholt oder ausgeschaltet. Bei aller Begrenzung oder Absicherung der Haftung durch Institutionen ist das rechtgebildete Gewissen eine wirksame Versicherung gegen jede widerständige illegitime Schuldentlastung. Der lebenslange Prozeß der Gewissensbildung ist in seinem Gelingen direkt abhängig von der Entfaltung des Wertintuierens, des Unterscheidens und Sichentscheidens sowie der Bereitschaft zu Verantwortung und Haftung. Ohne gültige Kontakte (Begegnungen und Beziehungen) in Familie, Berufsleben und Gesellschaft (Staat und Kirche) gelingt die Gewissensentfaltung sowenig wie das Glauben, Hoffen und Lieben, die sich stets in der kardialen Mitte der menschlichen Person ereignen.

Wie nomos, lex und Norm von dieser Personmitte angenommen, introjiziert werden, wie Gewissen und religio in dieser Mitte radizieren und sich entfalten, so garantieren diese genannten Daten und Urfähigkeiten die von jedem Menschen erstrebte Freiheit im Freiwählen und Freihandeln. In dem Prozeß der Menschwerdung des Menschen, der das Sichwandeln des Menschen zugleich erfordert und fördert, bleiben Gesetz, Gewissen, Freiheit Urdaten, Grundforderungen und unaufgebbare menschliche Garantien für das Gelingen gesellschaftlicher Veränderungen und personaler Wandlungen.

Durch Kontakte mit Menschen zu Begegnungen mit Gott

Bevor die Unfähigkeit, an Gott zu glauben, in den Menschen der Gegenwart das heute allseitig festgestellte Ausmaß erreichte, hatte sich die Verfremdung der Menschen untereinander und zu der eigenen Person ereignet. Dieser Entfremdungsprozeß war lautlos und latent geblieben, verdeckt durch Geschäftigkeit und Erfolge in der Entdeckung der Welt und ihrer zuvor ungeahnten Möglichkeiten. Die selbst gestaltete und organisierte Umwelt verstellte dem Menschen den Blick für den Sinn dieser Welt und für das Ziel seines eigenen Lebens. Gottebenbildlichkeit und Kindschaft Gottes, die Urdaten des menschlichen Daseins, christlichen Lebens, gerieten in Zweifel und wurden schließlich geleugnet. Damit wurde der Mensch sich zum schwierigen Rätsel, das er nicht mehr zu lösen vermochte. Die Glaubenskrise mit ihren mannigfachen Konsequenzen ward offenkundig.

I. Das Problem des verborgenen Gottes

hatte die Theologen von jeher beschäftigt. Solange die Menschen sich gegenseitig getraut, miteinander geglaubt hatten, war das Mysterium des verborgenen Gottes im Glauben angenommen worden. Man wußte, daß man in diesem Glauben aufeinander verwiesen und angewiesen war. Mit dem Schwund der wechselseitigen Verantwortung für diesen Glauben wuchs die Glaubens- und Vertrauenskrise.

a) *Das Erscheinen Gottes in der Gestalt der Menschen*
Jesus von Nazaret, als Kind in der Verborgenheit des Gottesvolkes geboren, durch Jahrzehnte im Verborgenen herangewachsen, kündete als Mann die Botschaft von dem Nahen des Gottesreiches. Der anfängliche Erfolg war sichtbar. Die Verbreitung seiner Botschaft von dem Vatergott, der seine Kinder liebt und sie aus der Verlorenheit erlösen wollte, stieß auf Ablehnung oder Zweifel, am stärksten in seinem eigenen auserwählten Volk der Juden. Diesen Widerständen und Zweifeln entgegen wuchs die Zahl der Jünger Jesu Christi, der Christusgläubigen von Jahrhundert zu Jahrhundert. Wie war das möglich? *Entscheidend war das Zeugnis für Jesus Christus im Leben und Sterben der Christusgläubigen.*

b) *Gott offenbart und bezeugt sich durch Menschen*
Diese Tatsache ist durch die Menschwerdung des ewigen Gottessohnes geschichtlich belegt und durch Jahrhunderte geglaubt worden. Warum ist

dieser Glaube seit 200 Jahren in die wachsende Krise geraten? Ist der Drang des Menschen zur Unabhängigkeit und Eigenständigkeit in der Gestaltung dieser Welt und seines eigenen Lebens eine hinreichende Erklärung für die Glaubenskrise? Hat Gott nicht dem Menschen die Freiheit als Potenz gegeben? Wie kann der Mensch diese Freiheitspotenz gebrauchen, ohne sich und Gott untreu zu werden? Sind der Gebrauch dieser Freiheit und das Glauben als menschliche Urpotenzen miteinander vereinbar? Vor der Beantwortung dieser Frage steht der Mensch dieser Zeit in unausweichlicher Konsequenz. Wer vermag ihn aus diesem Dilemma herauszuführen? Fragen über Fragen, auf die überzeugende Antworten gesucht werden.

c) *Das Anerkennen des menschlichen Wesens*

Wer den Prozeß menschlichen Werdens und persönlichen Reifens genauer beobachtet, länger studiert, lernt den langen Weg sehen, den jeder Mensch von seiner Geburt bis zu seinem Tode gehen muß. Dieser Lebensweg ist von vier Daten oder Voraussetzungen gekennzeichnet:

1) Jeder Mensch ist als Person angelegt und entfaltet sich in einem lebenslangen Reifungsprozeß.
2) Dieser Reifungsprozeß geschieht in Begegnungen mit und in Beziehungen zu bestimmten Personen (acht Grundgestalten).
3) Über diese Kontakte mit Menschen gelangt er zu seinem Ur-Du: Gott.
4) Jesus Christus und seine Kirche verwandeln die menschlichen Beziehungen zu der Vollendung, zu der jeder Mensch berufen ist.

II. Von der Entfaltung des Menschen

Was Menschen sich gegenseitig antun, zumuten, aufbürden oder vorenthalten, wird seit einiger Zeit schneller, geballter, umfassender, weltweit bekannt, weil die Verbreitung durch Funk und Presse an Intensität und Ausweitung in kurzer Zeit globale, weltumspannende Formen angenommen hat. Dadurch ist klargeworden, wessen der Mensch fähig ist, wenn seine Menschwerdung behindert, gestört oder blockiert wird. Alle Fragen nach dem Gelingen menschlichen Lebens in dieser Welt verdichten sich zu der einen Frage: *Wie kann der Mensch im Laufe seines Lebens er selbst oder der werden, der er nach Gottes Schöpfungsplan und Erlösungswillen werden soll?* Aus eigenen Kräften allein ist diese Menschwerdung nicht möglich. Von Gottes Liebe und Führung alles zu erwarten, führt zu den bekannten Enttäuschungen. Somit kann die Lösung dieser Aufgabe nur in dem *Zusammenwirken von Gott und den Menschen gelingen.* Diese Kooperation wird in dem Miteinander und Füreinander der Menschen schrittweise eingeübt. Als Störungsfaktor wirkt das Gegeneinander, das zu

Konflikten und Feindseligkeiten führt. Die Ursprünge der Gegensätze, Konflikte, des Hasses und der Feindschaft liegen im Menschen und in der von ihm gestalteten oder entordneten Welt. Warum sind die Menschen mit diesem Wissen um ihr zwiespältiges Wesen nicht in der Lage, die Gegensätze im Füreinander und Miteinander zu bannen oder zu überwinden? *Der wahrhaft liebende Mensch kennt die Antwort.* Wer oder was dem Menschen hilft, ein Liebender zu werden, ist kein Geheimnis, eher schon, wer oder was ihn daran hindert. Die neuzeitliche Menschenkunde hat entdeckt und nachgewiesen, daß der Mensch ohne vertrauensvolle Begegnung mit Mitmenschen, ohne liebende Beziehungen zu Menschen und zu Gott nicht *der* werden kann, der er werden soll; sie hat außerdem eindeutig bestätigt, daß er ohne diese Kontakte weder zu sich selbst kommt noch sich anzunehmen und zu lieben vermag. Was in früheren Jahrhunderten glaubend gewußt und gelebt wurde, ist durch unentfalteten oder verkümmerten Glauben, durch desorientiertes Lieben für den einzelnen und für die Gesellschaft zu einem Problem geworden.

III. Kontakte im Werdeprozess des Menschen

Die meisten Menschen glauben, ihre Eltern, Geschwister und natürlich sich selbst gut zu kennen. Nach den Kontakten zu ihnen befragt, erhält man in der Regel erstaunlich positive Antworten. Von ihren geheimen Vorurteilen und Vorbehalten gegen sich selbst, ihre Angehörigen und Mitarbeiter(innen) wissen sie selten etwas oder wollen sie nicht kennenlernen. Wie sehr die menschlichen Kontakte (Begegnungen und Beziehungen) durch Vorurteile und Vorbehalte belastet oder vergiftet werden, wird allmählich denen bewußt, die sich um Klärung, Sicherkennen, Sichannehmen bemühen. Wie konnten Unkenntnis des Menschen, ihr wechselseitiges Verstrittensein durch Rivalität, Konkurrenzstreben usw. solche Ausmaße annehmen? Zwei Hauptgründe sind die in der technisierten Gesellschaft zwangsläufige *Betriebsamkeit* oder *Zentrifugalität:* Mittelpunktflucht und die dadurch *gestörten Ehen* und *Familien.* Das Ergebnis ist der »Entfremdungsprozeß«, der die Menschen sich selbst und den Mitmenschen verfremdet hat. Der Entfremdete ist der isolierte, auf sich allein verwiesene, der einsame Mensch, der in einem »Gefängnis« um sein Ich kreist.

a) *Vertrauen und Lieben im Leben des Kindes*

Daß die Weckung des Urtrauens und des Liebens für die Entfaltung des Kindes und des Jugendlichen, für das Gelingen des lebenslangen menschlichen Werdeprozesses direkt entscheidend ist, gilt als gesicherte anthropologische Wahrheit. Ebenso sicher ist anerkannt, daß der Mutter oder deren Stellvertreterin diese Aufgabe zufällt. Sie vermag diesen Erweckungs- und

Entfaltungsprozeß in dem Maß zu fördern, wie ihre Ehe von Vertrauen und dienender Liebe getragen und entfaltet wird. Das Lieben jedes Menschen beginnt mit dem Geliebtwerden durch seine Eltern, besonders von seiten der Mutter. Alle Menschenliebe wie auch die später erwachende Liebe zu Gott haben in dieser frühen Liebe der Kindheit ihren Ursprung und Anfang.

b) *Glauben und Gehorchen im Leben des Jugendlichen*

Dem im Vertrauen und Lieben geübten und immer wieder bestätigten Jugendlichen gelingt mit dem Blick auf die Gestalt des eigenen Vaters oder auf stellvertretende Vatergestalten (Lehrer, Priester, Meister) das Glauben. Das Zeugnis eines vom Glauben geprägten väterlichen Lebens wirkt überzeugend auf den fragenden, suchenden Jugendlichen.

Dasselbe gilt für den Gehorsam, der vom Kind am Vorbild der Eltern abgesehen, vom Jugendlichen am Beispiel des Vaters und anderer paternaler Gestalten »eingesehen« und mit Hilfe der Geschwister eingeübt wird. Die Entfaltung des Gewissens mit den Grundelementen des *Werteerfassens* (mütterliches Element) und des *Sichentscheidens* (väterliches Element) führt den Jugendlichen zu der ersehnten Eigenständigkeit in Freiheit und in persönlichen Bindungen (Ehe, Beruf). Wo immer Jugendlichen die überzeugenden Vorbilder in Gestalt der Eltern und Geschwister fehlen, das ermutigende Bei-spielen mangelt, werden, ja müssen sie aufbegehren, um mit ihrem Reifungsprozeß nicht in Verzug zu geraten. Das seit einigen Jahren in technisierten Gesellschaften in mannigfachen Formen geübte Demonstrieren und Rebellieren Jugendlicher manifestieren das indirekte und direkte Fragen und Nachfordern persönlicher Vorbilder und personaler Helfer für das überfällige Erlernen des Glaubens und Gehorchens, für das Einüben des Wertnehmens und Sichentscheidens in der Entfaltung des Gewissens zur Freiheit in Eigenstand und Verantwortung.

c) *Das indirekte Nachfordern von Reifungshelfern*

Leistungsausfall, Fehlleistungen, besonders Verkehrs- und Berufsunfälle, vorwiegend seelisch bedingte Erkrankungen, Vergehen und Verbrechen, alle Suchterkrankungen und Selbstmordversuche sind überwiegend unbewußte Nachforderungen von Hilfen und Helfern in verzögerten oder blockierten menschlichen Reifungsprozessen. Warum sind solche Reifungsrückstände nicht bewußt, allgemein bekannt? Weil wir in einer Bewußtseinskultur leben, die durch ihre vom Bewußtsein gesteuerten Entdeckungen eine eigene »Welt« erstellt hat, in der nach dem Sinn und Ziel menschlichen Lebens selten oder gar nicht gefragt wird. Das Unbewußte bringt diese »verdrängte« oder »vergessene« Sinnfrage durch das indirekte Fragen und Nachfordern an das Licht, allerdings symbolisch eingekleidet, weil sich das Unbewußte stets in Bildern und Symbolen, selten in begrifflicher Sprache äußert.

Aus diesen Zusammenhängen wird verständlich, daß gestörte oder unentwickelte Beziehungen des Menschen zu seinen Angehörigen oder Mitarbeitern sich über das indirekte Nachfordern äußern. Gestörte Kontakte zu Mitmenschen wirken sich in der Regel im Menschen negativ oder störend auf seine Beziehungen zu Gott aus. Die Unzufriedenheit mit den Mitmenschen und mit sich selbst äußert sich im religiösen Leben als Unlust, als Traurigsein oder in Anwandlungen von Gefühlen der Trostlosigkeit oder des Verlassenseins. Wie ist diesen Vorgängen zu begegnen?

IV. Begegnungen des Menschen mit Gott

Für die Beziehungen der Menschen zu Gott gilt die Kirche als zuständig und verantwortlich. Wird die Kirche als die werdende und sich wandelnde Gemeinschaft der Gläubigen in Jesus Christus geglaubt und angenommen, so zeigt sich, daß jeder Gläubige mitwirkt an dem Gelingen der menschlichen Begegnung mit Christus, seiner Kirche und dadurch mit dem dreieinigen Gott. Eine wachsende Zahl der zur Kirche gehörenden Christen erwartet bewußt oder unbewußt spürbare Hilfen für das Gelingen der zwischenmenschlichen Beziehungen in Ehe, Familie, Ausbildung und Berufsleben. Da die Stärke der kirchlichen Seelsorge nicht in dem genaueren Wissen um den Menschen, nicht in der Kenntnis seiner Sorgen und Reifungsverzüge liegt, so bleiben die Erwartungen ungezählter Menschen an die Seelsorge unerfüllt. Die Enttäuschungen äußern sich in Kritik, im Fernbleiben vom kirchlichen Leben, Kirchenaustritten, oder sie somatisieren sich in Erkrankungen und Unfällen.
Die genannten Formen sind heute fast legitim geworden. Erkrankungen und Unfälle bringen den Menschen entweder in den Intensivkontakt ärztlicher Sorge und Krankenhauspflege oder in die entscheidende Wandlung des Sterbens.

a) *Die Bedeutung der Ursprungsfamilie für die religio*

Religio als »Rückbindung«, als Urbeziehung oder Verbindung des Menschen mit seinem Ursprung verstanden, gehört unabdingbar oder wesensnotwendig zu jedem Menschen. Die religio primaria, vom Werden des Menschen her gesehen, ist die Mutter. Von dieser Urreligio zu der christlichen Gottesbeziehung zu gelangen, bedarf der Mensch sowohl der Mithilfe seiner Eltern und Geschwister als auch des Beistandes der Kirche, die im Auftrage Christi den Glauben botschaftet und den Menschen zu dem Gelingen ihres Liebens verhelfen soll. Die Aufgabe der Eltern in den zahlreichen Wandlungen der menschlichen religio kann kaum überschätzt werden. Keine Kirche kann diese Elternaufgabe übernehmen oder ersetzen. Sie sollte den Eltern und den Familien beistehen, sie ermutigen, die lebenslangen Werdeprozesse mit Lösungen, Bindungen und Wandlungen bestehen zu können.

b) *Der Bund mit Gott in Ehe und in ehefreiem Dienen*

Die drei Hochformen menschlich-christlichen Lebens: Ehe, Priesterdienst und Ordensleben sind in den letzten Jahren auf vielfache Weise in allen Medien umfragt, erforscht und mit allem Nachdruck zu Überprüfung und Erneuerung angemeldet worden, sowohl in kirchlichem als auch im politischen Leben. Die bisher ermittelten Antworten und Ergebnisse gelten nur partiell als befriedigend. Theologische und kirchlich-religiöse Bemühungen reichen allein nicht aus. Soziologische, psychologische und anthropologische Hilfen und Diagnosen können ergänzen und klären, wo sie angenommen oder angewandt werden. Die Kooperation, das Zusammenwirken von Eltern, Schule, Kirche, von Ärzten, Seelsorgern, Erziehern und Politikern scheint sich unter dem Druck der weltweiten menschlichen Werdenot anzubahnen. Die allen gemeinsame Basis ist die Bereitschaft, dem vielfältig leidenden Menschen zu helfen. Über den Weg des Helfens, Pflegens, Beistehens und Heilens ereignen sich die Begegnungen der Menschen, wird die desorientierte Liebe orientiert, der blockierte Glaube durch das wachsende Vertrauen entbunden. Wo immer der Mensch sich öffnet für den anderen, ist er auch disponiert für das Ankommen Gottes.

c) *Das Mysterium des Kreuzes und der Wandlungen*

Das schwierigste Problem für jeden Menschen auf seinem Wege durch dieses Leben sind die Wandlungen oder das Sichwandeln, die ihm aufgegeben sind und bis zu der entscheidenden Wandlung im Sterben ihm abverlangt werden. Mitmenschen können und sollen ihm zu dem Bestehen dieser Wandlungen verhelfen. Das entscheidende Ja zu dem Loslassen und Freigeben dessen, was er behalten oder festhalten möchte, kann ihm niemand abnehmen oder ersparen. Die Ermutigung zu diesem Ja erwächst ihm aus dem Glauben, der ihm die scheinbare Paradoxie des Kreuzes und des Leidens erträglich macht. Dieser Glaube ist wie die Liebe als Uranlage im Menschen eine Gabe Gottes. Die Entfaltung dieser von Gott geschenkten Urfähigkeiten ist von den gesunden Kontakten (Begegnungen und Beziehungen) zu den Mitmenschen und zum eigenen Selbst abhängig. Diese empirisch nachweisbare Mitwirkung und Mittlerfunktion der Menschen in dem Gelingen der religiösen Beziehungen zwischen Gott und den Menschen machen immer wieder deutlich, wie hoch Gott den Menschen als sein Abbild einschätzt, und was er ihm zutraut.

Literatur:

M. Becker, Bild – Symbol – Glaube, Essen 1965.
E. Bertine, Menschliche Beziehungen, Zürich/Stuttgart/Wien 1957.
Th. Filthaut (Hg.), Umkehr und Erneuerung. Kirche nach dem Konzil, Mainz 1966.
W. Heinen (Hg.). Bild – Wort – Symbol in der Theologie, Würzburg 1969.
W. Heinen, J. Schreiner (Hgg.), Erwartung – Verheißung – Erfüllung, Würzburg 1969.
W. Heinen, Liebe als sittliche Grundkraft und ihre Fehlformen, Freiburg, 3. Aufl., 1968.
W. Heinen, Werden und Reifen des Menschen in Ehe und Familie, Münster 1965.

Ermutigung gegen Angstliebe im Leben des Christen

In der Diagnose schwieriger Kinder, entfaltungsgestörter Jugendlicher dieser Zeit stellen Erziehungs- und Lebensberater in der Regel eine tiefsitzende *Angstliebe* fest. Eß- und Schlafstörungen, Anfälligkeit für Erkrankung und Unfall, Leistungsschwäche in Schule und Ausbildung, Aufsässigkeit, widerständiges, provozierendes Verhalten in Gewalttätigkeit und Eigentumsdelikten sind nicht selten die Symptome oder Ausdrucksformen dieser Angstliebe. Versucht man diese Symptome zu kurieren, ohne das Grundproblem der gestörten Liebe anzugehen, so zeigen sich entweder hartnäckige *Widerstände* oder die bekannte *Rückfälligkeit.* Inzwischen kennt man die Gefahren der Symptombeseitigung, weil Symptome die Aufgabe haben, zu den Ursachen oder Ursprüngen menschlichen Fehlverhaltens, zu den *indirekten Nachforderungen* gestörter Menschen zurückfragen zu lassen. Jede Symptombekämpfung erzeugt in den gestörten oder erkrankten Menschen *Furcht* oder *Angst,* die in jedem Fall ernst zu nehmen sind, weil sie Ausdruck eines unentfalteten oder gestörten *Vertrauens* sind. Das Trauen, Zutrauen, Vertrauen sind in allen menschlichen Kontakten (Begegnungen und Beziehungen) in Familie, Schule, Beruf, in kirchlichem und politischem Leben die *Urbedingung* für das Miteinander und Füreinander, ferner für das Klären des oft unbewußten Gegeneinander, der Gegnerschaft und der Feindseligkeit.

I. Angstliebe als Ausdruck und Anforderung

Daß kein Mensch ohne Liebe zu leben vermag, ist heute unbestritten. *Wen* oder *was* ein Mensch *wie* lieben will, ist in seine relative Freiheit gestellt, nicht kann er wählen, *ob* er lieben will oder nicht. Auf vieles kann ein Mensch verzichten, nicht kann er auf die Dauer entbehren oder verzichten, geliebt zu werden. Wird ein Kind wenig oder falsch geliebt, erwachen in ihm Furcht oder Angst, aus denen die genannte Angstliebe entsteht, die sich in ungezählten Formen und Vorgängen äußert.

1. Wie äußert sich Angstliebe?

Der primäre Ursprung ist in der Familie zu finden. Eingehende Untersuchungen haben festgestellt, daß in der Urrelation Mutter – Kind das im Kind angelegte Urtrauen durch die Pflege und Bestätigung von seiten der

Mutter zu einem Zutrauen und allmählich zu dem Vertrauen sich entfaltet. Wer diese vertrauende Liebe in den Gestalten der Mutter und des Vaters in seiner frühen Kindheit erlebt und dazu die Geschwisterliebe erfahren hat, wird die *undefinierbare Angst* sehr selten erleben. Bleibt diese Urerfahrung schwach, oder wird sie durch eine gefühlsunsichere Mutter, durch eine *gestörte Elternehe* verunsichert, so äußert sich die Angstliebe auf zahlreichen Wegen in mannigfachen Formen, die oben bereits genannt wurden. Wird die Angst nicht behoben durch liebende Zuwendung, vertrauende Bejahung und Bestätigung, so wird die Verängstigung in Schule und Ausbildung verstärkt, weil hier Anforderungen gestellt werden, die Ichvertrauen und Duvertrauen voraussetzen.

Angstliebe äußert sich bei Jugendlichen in Schule und Ausbildung durch *Leistungsschwund, Störversuche, Kritik* an Lehrern, Eltern, Mitschülern, Vorgesetzten. Was am heftigsten bestritten, wer beharrlich kritisiert, wer oder was mit Nachdruck in Frage gestellt oder abgelehnt wird, *all das wird in der Regel zutiefst ersehnt, intensiv gesucht und nachgefordert.* Dieses *indirekte* Fragen, Fordern, Suchen, Erwarten ist mit der herkömmlichen Logik, mit der vom Bewußtsein bestimmten Psychologie schwer zu verstehen. Das unbewußte Seelenleben, das sich, von der Angstliebe getrieben, so »widersprüchlich« äußert, hat seine eigenen Gesetze und Ausdrucksweisen. Auch im Leben der *Wirtschaft* und der *Politik* wirkt die Angstliebe sich in der Regel störend oder verwirrend aus. Nicht nur die Haushalte der Familien, der Produktion und Wirtschaftsbetriebe, auch die Haushalte der Länder und Staaten sind davon betroffen (Lohn-Preis-Gefüge, Rüstung, Bildungs-Erziehungs-Bereich). Der *Verkehr* zu Lande, zu Wasser und in der Luft ist seit einiger Zeit nicht primär technisch oder durch die Urelemente (Feuer, Wasser, Luft, Erde), sondern durch *Drohung, Gewalt,* die *aus der Angstliebe gespeist sind,* in wachsendem Maße bedroht.

2. *Angstliebe auch im religiösen Leben?*

Ist Evangelium nicht Frohbotschaft? Wie oder durch wen wurde es zu einer »Drohbotschaft«? Hat das Wirken der Kirchen eine Entfaltung des Menschen zum Ziel? Warum fürchten Erwachsene um ihre Freiheit, wenn sie von der Kirche hören? Wie gerieten die Kirchen und ihre Seelsorger in den Verdacht, den Menschen ihre Freiheit zu mißgönnen oder gar vorzuenthalten? Haben die Kirchen versäumt, die unter *Druck* oder *Zwang* (äußerem oder inneren Zwang) lebenden Menschen in die Freiheit einzuüben, ihnen das *Freiwerden* und *Freihandeln* zu ermöglichen? Diese Unterlassung würde die heute üblichen Projektionen aller Zwänge und Unfreiheiten auf die Kirche bereits verständlich machen. Haben Kirche und Schule an der Vorherrschaft der Angstliebe, an ihrem Zustandekommen aktiv mitgewirkt?

Angstliebe, die aus *Fehlorientierung menschlicher Antriebe* und Strebungen (nach Besitz, Geltung, Macht und Genuß) entsteht, ruft nach persongemäßer Regulierung unter beharrlichem *persönlichem Beistand.* Sind Eltern, Lehrer, Seelsorger und Ärzte heute schon dazu fähig und bereit?

3. *Versuche zu der Überwindung der Angstliebe*

Da kein Mensch auf Dauer in Angstliebe leben kann, versucht er, aus *eigenem Antrieb* in gültige Formen erwartenden *Hoffens,* tragenden *Glaubens,* gestaltenden *Liebens* zu gelangen. Als Hauptversuche sind in Übung: Aggression, Regression, Isolation. *Aggression* als Flucht vorwärts äußert sich verbal in: Verdächtigung, Verleumdung, Beschimpfung, unberechtigter Kritik; brachial in: rücksichtslosem Autofahren, unfairem Verhalten in Sport und Spiel, in gewalttätigem Stören oder Zerstören, Verbrechen. Konkurrenz und Rivalitätsstreben sind nicht selten in Aggressionen beteiligt.
Regression (Rückflucht) kann sich ausleben in: Krankheit, Unfall, Rausch oder Sucht (Alkohol, Drogen, Sensation, Geschwindigkeit), sehr oft in *Resignation.*
Isolation als Ausdruck und Selbsthilfeversuch der Angstliebe äußert sich in: Kontaktarmut, Vereinsamung, Ressentiment, Depression, Schwermut, Suicid (Versuch der Selbstentbindung von Menschen und Anforderungen).
Alle genannten Versuche haben nur dann Erfolg, wenn sie den in Angstliebe Befangenen mit einem zum Helfen bereiten und fähigen personalen Du oder Wir in wirksame Beziehung bringen. *Ziel dieser Versuche ist die Ermutigung,* die aus eigener Kraft nicht gelingt.

II. Ermutigung zur Wandlung der Angstliebe

In jeder Ermutigung wirkt primär die *Bejahung* zum Dasein, Sosein, zum Werden, Können, Agieren und Reagieren des Menschen, auch in seinen Fehlleistungen als Ausdruck des Noch-nicht-Könnens. Durch jegliche vertrauende Ermutigung geschieht *Ermächtigung,* Weckung von Fähigkeiten und Kräften, die des Anrufs durch einen Menschen bedürfen. *Gott bedient sich der Menschen,* um *seine Liebe* (Gnade und Führung) in den Menschen, in seinem Erlösungswerk *wirksam* werden zu lassen.
In der Ermutigung wird die *Eigenständigkeit* zu freiem Sichentscheiden gefördert. Ohne Ermutigung durch *Vorbild* und *Beispiel* wachsen nicht die Bereitschaft und Fähigkeit zu dem unerläßlichen *Sichwandeln.* Die hartnäckigsten Angst- und Schuldgefühle entstehen aus einem retardierten (behinderten) oder *blockierten Reifungsprozeß* im Leben eines Menschen, der nicht zur Frau oder zum Mann reifen will.

Durch Ermutigung wächst die Vertrauens-Liebe. Ermutigung ist in jedem Fall ein personal-sozialer Vorgang, d. h. stets ist ein *Jemand* der Ursprung der Ermutigung; eine Sache oder ein *Was* wirken nur indirekt ermutigend, als Zeichen, Symbol oder Stellvertretung für Jemand. Jede *Sucht* impliziert den Versuch, über eine *Sache* zu der erforderlichen Ermutigung zu gelangen. Das Scheitern jeder Sucht zeigt eindeutig, daß der *Mensch als Person des Mitmenschen bedarf*, daß er als »Ebenbild« und »Kind Gottes« der persönlichen Beziehung zu Gott nicht entbehren, auf sie nicht verzichten kann.

Durch wen kann Ermutigung gelingen?

1. *In der Familie: Eltern, Geschwister;*
2. *in Schule und Ausbildung: Lehrer, Meister, Kollege;*
3. *im Leben der Berufung und des Berufes;*
4. *in politischer und in kirchlicher Gemeinde.*

1. Die *Ehe der Eltern* als gelebte, wechselseitige Liebe in Sorge und Verantwortung ist die nachhaltige, *stärkste Ermutigung* für die *Ehegatten* und besonders für die *Kinder.* Das Reifen der Elternehe verhindert Entmutigung und jede Form von Angstliebe in den Kindern. Ohne die Geschwister ist die Entwicklung des Alleinkindes, seine Entfaltung in der Jugendzeit erschwert, nicht selten gefährdet. Brüder und Schwestern in einer reifenden Ehe der Eltern ermutigen sich gegenseitig, sowohl in ihrem Werden und Reifen als auch in ihrem Können und Leisten. Angstliebe hat bei allen natürlichen, alters- und geschlechtsspezifischen Unterschieden der Geschwister keine Möglichkeit, sich zu behaupten. Vorbild und Beispiel der Älteren wirken ermutigend auf die Jüngeren. Aber lieben Eltern ihre Kinder nicht unterschiedlich? (»Muttersöhnchen«, »Vaters Liebling«) Nicht selten besorgen Geschwister den Ausgleich. Angstliebe oder Ermutigung ist für jede Ehe und Familie eine ernste Frage, auf die im täglichen Miteinander die Antwort gefordert und gegeben wird.

2. Die *Forderungen* in *Schule* und *Ausbildung* an Kinder und Jugendliche sind heute derartig vielgestaltig, daß es ohne Ermutigung durch Lehrer und Ausbildende ertragreichen Unterricht nicht gibt. Ohne Nachhilfe durch das Elternhaus oder durch ältere Schüler kommt eine beachtliche Zahl von Kindern im Lernprozeß nicht mit.

An die menschliche Hilfsbereitschaft und Geduld der Lehrenden werden ebenso hohe Anforderungen gestellt wie an ihre methodisch-didaktische Geschicklichkeit in der Vermittlung des Sachwissens. Der *Lernprozeß* ist von der *immerwährenden Ermutigung* durch Personen (Eltern, Lehrende, Mitschüler/innen) direkt abhängig. Erst recht gilt das für jedes *Examen.* An den Hochschulen steht der Lernprozeß oder das Studieren für einen relativ hohen Prozentsatz unter ähnlichen Bedingungen. Die Forderungen nach *Lebensnähe* und »Praxisorientierung« beinhalten eindeutig das Verlangen nach Ermutigung, um vor *Versagensfurcht*, vor Angst des Nichtkönnens gesichert zu sein. Wo immer die Angst oder der Ängstliche auftaucht, ist der Ermutiger gesucht. An den Hochschulen wird das Studieren in Gruppen, Kolloquien, Tutorien weit höher geschätzt und öfter gefordert als die Vorlesung, die nicht selten als distanzierend oder beängstigend empfunden oder gewertet wird. *Studienreform* zielt primär auf Ermutigung, auf persönliche Assistenz und Hilfe für das *Gelingen* des *Lebens-* und des *Lernprozesses* der Studierenden. Von Professoren und Lehrbeauftragten wird primär Lebenshilfe, d. h. Ermutigung zu dem Bestehen des persönlichen *Reifungsprozesses* erwartet. Ob Universitäts- und Bildungsreformer, engagierte Hochschuldidaktiker sich dessen bewußt sind? In handwerklicher Berufsausbildung ist die Ermutigung für den persönlichen Reifungsprozeß auch gefordert, allerdings ist hier die Eigenleistung ermutigend wirksam.

3. *Im Leben der Berufung und des Berufes*

In den Berufsgruppen der technischen Produktion und der Wirtschaft weiß man seit etlichen Jahren, besonders nach dem Zweiten Weltkrieg, um die Bedeutung des *Betriebsklimas*, das nicht primär von der Höhe des Lohnes oder der sozialen Leistungen abhängig ist, sondern von der *menschlichen Ermutigung*, Bejahung und Anerkennung der Arbeiter und Angestellten bestimmt wird. Wo *Ressentiments*, *Resignation*, *Rebellion* sich verbreiten oder gefördert werden, ist nicht selten die Angstliebe am Werk, die in ungezählten Frauen und Männern nach Anerkennung und Ermutigung ruft. Wird die Angstliebe politisiert, so führt sie in der Regel zu Polarisierung, Verkennung der Tatsachen, zu Feindseligkeit oder gar zu jenem Haß, der unversöhnliche Züge trägt.
Wer vermag im Berufsleben die allseitig gesuchte, stellenweise nachdrücklich geforderte Ermutigung zu geben? Am häufigsten ist der väterliche Ermutiger, das *paternale Vorbild* gefordert. In Klein- und Mittelbetrieben sind diese Helfer und »Stellvertreter« sicher leichter zu finden als in Großbetrieben und in der Fließbandproduktion. Ermutigende Brüder und Schwestern sollten leichter zu finden sein, wenn die Zahl der im Reifungsprozeß Gestörten, Behinderten unter den nach 1945 Geborenen nicht so groß wäre. Das nach dem Ersten Weltkrieg blühende Vereinsleben, vor allem für Jugendliche, ist nahezu ganz zum Erliegen gekommen, von Sportvereinen einmal abgesehen. Motorisierte Fahrzeuge haben der *Vereinzelung* und der *Vereinsamung* Vorschub geleistet, wie die zahlreichen Empfangsgeräte für Funk und Fernsehen in den Familien das Gespräch eher verkümmern als fördern ließen. Daß Kinder vielbeschäftigter Eltern etwas anstellten, um mit ihren Eltern in ein Gespräch zu kommen, war

schon früher bekannt. In den letzten Jahren nahm die Zahl der Erwachsenen zu, die diesen indirekten Weg der Kontaktsuche gingen.
Erstaunlich war, daß sogar in den Berufen der Lehrer, Erzieher und Seelsorger mit ungewohnten Mitteln und Methoden nach Ermutigern gesucht, mit demonstrativen Formen Ermutigung gefordert wurde. *Geistliche* und *Lehrer* waren noch in der ersten Hälfte dieses Jahrhunderts für viele Jugendliche und Erwachsene *stellvertretende Berater* und ermutigende Förderer, wo Väter versagt oder gefehlt hatten. Seitdem die *Kirchen* und ihre *Seelsorger* mit ihrem eigenen Status und ihren Aufgaben so intensiv befaßt sind, hat ihre stellvertretende Ermutigung beträchtlich nachgelassen.

4. *Ermutigung durch religiöse und politische Solidarisierung?*

Die zum Teil harte Kritik an religiösen Institutionen, an kirchlichen Amtsträgern läßt ein, wenn auch unbewußt, noch *starkes Vertrauen* zu diesen herausgeforderten *Instanzen* und *Personen* erkennen. Sind die Antworten auf diese Kritik ermutigend? Gespräche, Synoden, Kontakte sind im Gang und haben starre Fronten gelockert. An Begegnung und Austausch fehlt es nicht. Die Arbeit in kleinen Gruppen zur Selbsterfahrung und gegenseitiger Hilfe hat nun auch in unserem Land begonnen und zeitigt im stillen verheißungsvolle Ergebnisse, die publizistisch kaum sichtbar werden. Die Erwartungen an die Kirchen und religiösen Gemeinden sind in jeder Hinsicht gewachsen und melden sich deutlich zu Wort. Wie und wann sie Erfüllung finden werden, vermag kein Mensch zu sagen.
Parallel oder zum Teil gegenläufig artikulieren sich im *politischen Leben* das *Unbehagen,* der Bedarf an persönlichen Klärungen, an Reifungshilfen und Ermutigung in so vielgestaltigen Forderungen nach Veränderungen in den Strukturen, daß dieses Erwartungspotential nicht zuerst negativ gewertet werden kann. Das Verlangen nach persönlichem *Sichwandeln* ist unverkennbar, auch, vielleicht gerade in den radikalen Forderungen. Werden sich die Frauen und Männer finden – in kirchlichen Gemeinden und in politischen Gruppen – die in mühsamer *Kleinarbeit* bereit sind, mit den Fordernden und Fragenden den Prozeß der Wandlungen zu gehen? Die *Forderung Jesu lautet auf Metanoia* (= Wandlung) durch Bruder- und Gottesliebe. Gegen die Angst- und Haßliebe seiner Gegner verkündete er die Botschaft von der universalen, alles gestaltenden, alle erlösenden Liebe. Wie ernst er diese Forderung nahm, zeigen sein Sterben, seine Auferstehung und die Auswirkung seines immerwährenden Ankommens seiner Botschaft, bei aller Menschlichkeit seiner Kirche, gegen alle Widerstände der Menschen. Unverkennbar bleibt, daß in *Jesu Botschaft, Leben* und *Wirken* das *eindeutige Merkmal* die *ermutigende Liebe* ist, die für alle Zeiten das *Kennzeichen* seiner *Jünger* sein wird.

Personen- und Sachverzeichnis

Erscheinungsnachweis

Gegenwart und Gegenwärtigung, in: L. Prohaska (Hrsg.), Erziehung angesichts der technischen Entwicklung. Österreichischer Bundes-Verlag, Wien 1965.

Der Mensch: Fliehender oder Pilger, in: Erziehung zur Freiheit (Werkheft), Hoheneck-Verlag, Hamm/Westf. 1959.

Das Verhalten Jugendlicher – Rätsel für Eltern und Erzieher, in: Urbild und Abglanz. Beiträge zu einer Synopse von Weltgestalt und Glaubenswirklichkeit. Festgabe für Herbert Doms zum 80. Geburtstag. Hrsg. Johannes Tenzler. Verlag Josef Habbel, Regensburg 1972.

Neurose und Protest, in: J. Buchmann. H. D. Braun (Hrsg.), Teilnehmen – Teilhaben. Partnerschaft und Autorität. Hoheneck-Verlag, Hamm/Westf. 1970.

Personales Lieben im Reifungsprozeß des Menschen u. d. Titel: Formen menschlichen Liebens im Reifungsprozeß der Person, in: Allgemeine Therapeutik, Heft 7, 1961.

Ethische Fragen nach Lebensstandard und Glück u. d. Titel: Lebensstandard und christliches Ethos, in: Der unbewältigte Wohlstand. Jahrbuch für Volksgesundung 1957. Hrsg. v. W. Baumeister und H. Lochner. Hoheneck-Verlag, Hamm/Westf.

Gesetz und Gewissen in dem Lebensprozeß des Menschen, in: Recht als instrument van behouden en verandering. Festschrift für Prof. Dr. J. J. M. van der Ven. Kluwer-Deventer 1972.

Durch Kontakte mit Menschen zu Begegnungen mit Gott, in: Begegnung wagen und bewältigen (Werkheft). Hrsg. J. Buchmann, H. D. Braun im Hoheneck-Verlag, Hamm/Westf. 1972.

Ermutigung gegen Angstliebe im Leben des Christen, in: Wohlstand – Chance und Gefahr (Werkheft). Hrsg. J. Buchmann, H. D. Braun im Hoheneck-Verlag, Hamm/Westf. 1973.
Die übrigen Beiträge erscheinen im Erstdruck.

Von Wilhelm Heinen erschienen früher folgende Werke:

Liebe als sittliche Grundkraft und ihre Fehlformen
Moralpsychologische Deutung und moraltheologische Würdigung
XVI u. 526 Seiten
3. unveränderte Auflage 1968
Verlag Herder, Freiburg i. Br.

Werden und Reifen des Menschen in Ehe und Familie
180 Seiten
Verlag Regensberg, Münster/Westf. 1965

Begründung christlicher Moral
(Herausgegeben von Wilhelm Dreier)
352 Seiten
Echter Verlag, Würzburg 1969

Das Gewissen – sein Werden und Wirken zur Freiheit
(Herausgegeben von Hans Kramer)
219 Seiten
2. unveränderte Auflage 1971
Echter Verlag, Würzburg

Um die Seele des Kindes
195 Seiten
6. erweiterte Auflage 1972
Hoheneck Verlag, Hamm/Westf.

Bild – Wort – Symbol in der Theologie
(Herausgegeben von Wilhelm Heinen)
324 Seiten
Echter Verlag, Würzburg 1969

Erwartung – Verheißung – Erfüllung
(Hrsg. W. Heinen und J. Schreiner)
346 Seiten
Echter Verlag, Würzburg 1969